Verdade?

Verdade?

MONJA COEN

Verdade?

Porque nem tudo o que ouvimos ou falamos é verdadeiro

1ª edição

Rio de Janeiro | 2019

CIP-BRASIL. CATALOGAÇÃO NA PUBLICAÇÃO
SINDICATO NACIONAL DOS EDITORES DE LIVROS, RJ

Coen, Monja

C662v Verdade?: porque nem tudo o que ouvimos ou falamos é verdadeiro / Monja Coen. – 1ª ed. – Rio de Janeiro: Best*Seller*, 2019.

ISBN 9788546501915

1. Provérbios brasileiros – História e crítica. 2. Filosofia budista. I. Título.

CDD: 294.3

19-54944

CDU: 24-67

Meri Gleice Rodrigues de Souza – Bibliotecária – CRB-7/6439

Texto revisado segundo o novo Acordo Ortográfico da Língua Portuguesa.

VERDADE? PORQUE NEM TUDO O QUE
OUVIMOS OU FALAMOS É VERDADEIRO
Copyright © 2019 by Monja Coen

Todos os direitos reservados. Proibida a reprodução, no todo ou em parte, sem autorização prévia por escrito da editora, sejam quais forem os meios empregados.

Direitos exclusivos de publicação em língua portuguesa para o mundo adquiridos pela
Editora Best Seller Ltda.
Rua Argentina, 171, parte, São Cristóvão
Rio de Janeiro, RJ – 20921-380
que se reserva a propriedade literária desta tradução

Impresso no Brasil

ISBN 978-85-465-0191-5

Seja um leitor preferencial Record.
Cadastre-se no site www.record.com.br e receba informações sobre nossos lançamentos e nossas promoções.

Atendimento e venda direta ao leitor
mdireto@record.com.br ou (21) 2585-2002

SUMÁRIO

Prefácio 7

Introdução 11

Amor de mãe é incondicional 13

A ocasião faz o ladrão 21

Deus escreve certo por linhas tortas 29

Diz-me com quem andas e te direi quem és 33

O hábito faz o monge 39

Mais vale um pássaro na mão do que dois voando 45

Quem ama o feio, bonito lhe parece 49

Águas passadas não movem moinhos 55

Quem tem fama deita na cama 61

Quem canta seus males espanta 65

Quem espera sempre alcança 71

Água mole em pedra dura tanto bate até que fura 77

Quando um não quer, dois não brigam 83

Para bom entendedor, meia palavra basta	89
Menos é mais	93
Macaco velho não põe a mão em cumbuca	97
Cão que ladra não morde	103
Quem com ferro fere com ferro será ferido	107
O que os olhos não veem o coração não sente	111
Querer é poder	115
Quando o gato sai, os ratos fazem a festa	117
Casa de ferreiro, espeto de pau	123
Santo de casa não faz milagre	127
Deus te abençoe! — Vá com Deus! — Fique com Deus! — Se Deus quiser!	135
Agradecimentos	141

PREFÁCIO

O OUTRO LADO DA VERDADE

•—◆—•

As verdades se impõem sem que se pergunte se realmente elas são ou não eternas. Entre as máximas reunidas pela Monja Coen, uma boa parte delas não só são conhecidas, como somos capazes de falar de cor. Em *Verdade?*, a Monja Coen desestabiliza essas crenças eternas e mostra, com muita sabedoria e bom humor, que elas têm outras leituras que levam à reflexão e a um conhecimento melhor do íntimo de cada um de nós.

A releitura dessas "verdades" motiva o entendimento de que o budismo é a religião da paz, da meditação e da não violência. O próprio Buda fez uma releitura das verdades que prevaleciam em sua época, uma vez que era apenas um homem. Essa busca da verdade mais profunda proporcionou a descoberta de que todas as coisas são compostas e permanentes, todas as emoções são dor, e tudo é desprovido de existência intrínseca. Assim, é uma falácia imaginar que algumas emoções são puramente prazerosas, que as substâncias são permanentes, têm existência intrínseca, e que a iluminação existe dentro das dimensões do tempo. Dessa forma, os fenômenos descritos nas tais "verdades" são compostos e, portanto, impermanentes. Isso quer dizer, em outras palavras, que precisam ser relidos e reavaliados constantemente.

Não é difícil perceber que vivemos em uma época onde nunca as mudanças foram tão rápidas. Somos atropelados por elas mais de uma vez por dia. As "verdades" são repetidas à exaustão, sem qualquer crítica interna, passam de geração para geração, assim como procuramos a fonte da juventude, a imortalidade, o Santo Graal, o pote de ouro no fim de um arco-íris e outros mitos. Alguns são até infantis, mas ainda assim muita gente acredita neles e os acalenta. Têm direito, é claro, mas no fim da estrada, em vez de um pote de ouro, encontram-se frustação, depressão e infelicidade.

Todos nós, quando nos levantamos de manhã, iniciamos uma luta pela busca da felicidade. No entanto, o que é felicidade? Seria aquela que Jefferson escreveu na Declaração da

Independência dos Estados Unidos, ou o mendigo que quer juntar umas moedas para comprar comida e não morrer de fome? Talvez essa palavra seja a de maior subjetividade no nosso bornel de conhecimentos.

Entre os obstáculos que dificultam a obtenção da felicidade, seja lá o que isso for, estão o medo e a ansiedade que dominam a mente humana. O medo está associado ao desconhecido. E qual a saída para isso? Se o Buda pudesse participar deste texto diria que a chave para a libertação do medo é o reconhecimento da impermanência, uma vez que sem isso não há progresso nem mudança para melhor. Imaginar que as coisas são permanentes é um falso raciocínio. Alguém pode até dizer que em time que está ganhando não se mexe, contudo o apego ao conceito de permanência pode levar a dois opostos: falta de esperança de um lado ou a esperança cega de outro. Nenhum dos dois conduz à felicidade. Trazem mais sofrimento e frustação e tornam a vida sem sentido.

A visão fica mais clara e a condução da vida fica mais fácil quando entendemos que a vida é impermanente, uma vez que é composta de uma miríade de fenômenos impermanentes. A questão está colocada neste livro: vamos repetir os adágios dos nossos antepassados como mantras ou vamos fazer uma releitura deles? A decisão é sua.

Heródoto Barbeiro*

---

* Heródoto Barbeiro é budista educado na tradição Soto Zen.

INTRODUÇÃO

Há tantas expressões que usamos sem nos questionarmos da veracidade do seu significado.

Escolhi algumas.

Não apenas para as desqualificar, mas requalificar.

Qual o sentido verdadeiro?

É adequado usar certas expressões?

Quando?

Será que os jargões que nos acostumamos a usar são capazes de alterar nossas relações internas e externas?

Nossa capacidade de compreender a realidade, de observar em profundidade fica comprometida se não nos questionarmos.

Você, leitor ou leitora, não precisa concordar comigo.

Mais do que a concordância quero o questionamento e a reflexão profunda.

Antes de falar, pensamos.

Como pensamos? Quem nos ensinou a pensar? Através de que sentenças, frases?

Repetimos padrões.

Podemos analisá-los e verificar se são verdadeiros.

Espero que este apanhado possa nos ajudar a afastar o superficial e o impensado.

Meu mestre de transmissão, ou seja, aquele que confirmou meus votos monásticos definitivos e me reconheceu apta a ensinar, o reverendo Yogo Suigan Roshi, certa ocasião, me recomendou: "Antes de falar, passe a língua três vezes por toda sua boca e reflita: 'O que vou falar é verdade? Irá beneficiar a quem me ouve? Será capaz de beneficiar a todos os seres e levá-los à verdade?' Se as três respostas forem assertivas, fale. Caso contrário, se cale."

Tenho seguido seu conselho. Falho muitas vezes, mas não desisto de continuar tentando.

Que as reflexões deste livro possam nos levar à verdade e possam beneficiar inúmeros seres.

AMOR DE MÃE É INCONDICIONAL

Será que o amor de todas as mulheres que se tornam mães é incondicional?

Mulheres que foram estupradas, mulheres que não amam ou jamais amaram seus companheiros e engravidaram, mulheres jovens à procura de afeto e carentes de amor, mulheres mais velhas, que se viram forçadas a adotar filhas e filhos de seus maridos — será que todas elas sentem amor incondicional?

O que é o amor incondicional? Seria amar o filho ou a filha viciada em drogas, que bate na mãe, que rouba todos os objetos da casa para trocar por drogas? Seria o amor pelo filho ou filha suicida, criminoso, assassino? Seria amar igualmente a vítima e o algoz? Seria o amor incondicional aquele em que a pessoa ama apesar da incapacidade da pessoa amada em retribuir?

Há uma música interessante de Vicente Celestino sobre um camponês que mata sua mãe e tira dela o coração para levar à sua amada. O homem tropeça, o coração da mãe cai no chão e exclama: "Magoou-se, pobre filho meu? Vem me buscar, filho. Aqui estou. Vem me buscar, que ainda sou teu." Essa é a idealização do amor maternal. Mas entre o ideal e o real há uma lacuna imensa.

Nós criamos uma expectativa sobre o comportamento das mães e sobre como deve ser o seu amor. Acontece que as mães são pessoas, seres humanos, com altos e baixos, apegos e aversões.

Conheço mães que abandonam seus filhos para ir atrás de um novo amor. Conheço mães que nunca quiseram amamentar para não perder a beleza dos seios. Conheço mães que nunca deram banho nos filhos ou trocaram suas roupas, que nunca brincaram com eles... Mães muito ocupadas cuidando de si mesmas. Conheço mães que batem, machucam, ferem e até matam seus filhos. Elas sentem amor incondicional?

Amor de mãe pode ser duro e áspero. Amor de mãe pode ser feito de cobranças e expectativas. Amor de mãe pode exigir dos filhos e filhas o que eles não podem dar.

Há mães que tiram os filhos da cruz, da cadeia, do sofrimento. Há mães que enterram seus filhos, cobertas de lágrimas. Há mães que nunca enterram seus filhos mortos, mas os enterram vivos — sem amor e sem autoestima, esmagados pelos abusos e descasos.

Há inúmeras possibilidades de amor materno. Há inúmeras possibilidades de desamor materno. Há amores condicionados a respostas. Há amores incondicionais, que independem de como a pessoa amada responde.

Mas nem todo amor incondicional é amor de mãe. Cuidado, não se engane.

As propagandas do Dia das Mães mostram cenas de gratidão e respeito às mulheres que se sacrificaram por seus filhos.

São sempre muito comoventes, mas esquecem de mostrar as mães que nunca se sacrificaram ou se sacrificam pelos filhos.

E elas também são mães.

Nós criamos uma imagem idealizada de amor. Quando a realidade é diferente, as pessoas decretam que certas mulheres são mães desnaturadas.

A mãe natural é aquela que cuida, amamenta e prepara sua cria para a vida? Haveria amor nisso ou apenas um ato natural de preservação da espécie?

Há mães que se apaixonam pelos filhos e sentem ciúme das noras, dos genros, dos amigos, dos afetos, dos outros interesses. Há mães que competem com as filhas pelo amor do marido, pela juventude, beleza, inteligência. Há mães que se orgulham de sua prole. Há mães que se envergonham de sua prole. Há mães neutras, que nem se orgulham nem se envergonham: elas cuidam pelo simples dever de cuidar, incapazes de amar, de acarinhar. Há mães que se entregam à tarefa de cuidar e suprir. Há mães que só cuidam de si mesmas. Há mães que não cuidam nem mesmo de si.

Como exigir o que a pessoa não tem para dar? Como exigir o que alguém nunca encontrou, conheceu ou foi capaz de imaginar?

Está na natureza da mãe a capacidade de amar incondicionalmente? Será a natureza da matriz cuidar da cria para que ela se desenvolva e cresça saudável? Quando a mãe morre, a cria também morre ou pode ser criada por outra pessoa?

E quanto à mãe que abandona seu bebê pelas ruas, pelos rios, pelas latas de lixo? Seria o amor incondicional se manifestando, já que essa pessoa não seria capaz de cuidar de uma criança? Como Moisés, esse bebê será encontrado navegando nas águas?

Há amores de mãe que afogam e matam quaisquer potencialidades de seus filhos e filhas. Seria isso amor incondicional?

Não, nem todas as mulheres são as mães perfeitas que imaginamos que deveriam ser. Surgem então a culpa e a cobrança. A mulher que não se tornou a mãe ideal se culpa. Ela é cobrada por seus descendentes, que passam a desprezá-la ou odiá-la sem nunca ter tentado entender essa mulher, seus sofrimentos, suas angústias, suas carências e insuficiências. Uma trama, uma rede sem fim de dor e expectativas frustradas.

Vamos considerar também a ótica do filho ou da filha: sem nenhuma expectativa, você seria capaz de amar incondicionalmente sua mãe? Mesmo que ela nunca tenha sido capaz de amar você? Mesmo que ela tenha abandonado você para viver um grande amor ou um sonho de carreira? Você seria capaz de amá-la sem cobranças, sem esperar nada em troca? Continuaria a querer seu bem, que ela esteja bem, mesmo à distância? Seria capaz de orar pelo seu despertar?

A mãe surge no momento da fecundação. Vai se tornando mãe junto ao feto que cresce em seu ventre. Dependendo de causas e condições — inúmeras —, poderá amar ou não essa vida que se desenvolve em seu útero.

Dona Zilda Arns dizia que a violência do mundo, o desafeto, o desamor, a raiva do feto se iniciam no útero materno.

E quanto às mães adotivas? São todas capazes de sentir amor incondicional? Içami Tiba, filho de um monge zen, escreveu um livro chamado *Quem ama, educa!* Sim, é verdade. Amar, educar e cuidar caminham juntos. Afinal, educar é cuidar. Não um educar obrigatório ou para se exibir ao mundo, mas o educar digno, de quem respeita a individualidade do outro. Por isso também digo que quem educa pode vir a amar. O contato, o cuidado, podem fazer o amor nascer, crescer, florescer.

Há quem adote uma criança pequena ou um pré-adolescente, que já passou por vários abandonos e assim se tornou desconfiado do amor. Que amor é esse que não me vê, não me reconhece? Que amor é esse que exige de mim o que nunca tive e que portanto não posso dar? Há expectativas de ambos os lados. Sem expectativas o encontro pode ser possível. O amor poderá surgir ou não.

Será fácil amar incondicionalmente quem foge, mente, rouba, fere, mata, maltrata?

Desenvolver a compaixão — este, sim, um querer bem incondicional — necessita de muito treinamento.

Sua Santidade o XIV Dalai Lama disse certa vez que "compaixão não é visceral. Precisa ser estimulada e treinada".

Quantas pessoas têm sido treinadas e estimuladas a se identificar com outras criaturas e as compreender mesmo sem que sejam compreendidas?

Empatia — ser o outro, compreender a outra pessoa como se ela fosse você, não como se fosse outra pessoa, não como um ser diferente. Ela é um ser humano, e por isso reconhecível por outro ser humano. A mãe consegue se tornar o filho ou a filha e acolher essa pessoa assim como é? Ou quer transformá-la em um espelho seu? É capaz de perceber suas tendências e ajudar a desenvolver seu potencial, educar para ser livre? Ou quer transformar um ser dependente de si mesma? É capaz de orientar para que a sua cria faça escolhas adequadas aos seus propósitos? Ou seria a compaixão a condição essencial para que possamos desenvolver um amar sem condições? Tudo o que existe depende de causas e condições. Logo, para um amor sem condições, a pré-condição é a maturidade de haver desenvolvido e treinado a compaixão.

Quando a resposta dos filhos ou das filhas não é a esperada, o amor continua inabalado?

Quando as escolhas de vida não coincidem com os valores da mãe, o filho ou a filha é incondicionalmente amado ou amada?

Sim, existem mães que continuam a querer bem e a cuidar, mas há as que se afastam e tentam esquecer os filhos que tiveram.

Amor de mãe tem várias faces — tantas quantas forem as mães existentes no mundo. Mas nem todo amor de mãe é incondicional.

Você é capaz de amar incondicionalmente o desconhecido? E o conhecido? Pergunte-se, questione-se, aprofunde-se na percepção da realidade múltipla. Não se limite a repetir frases feitas.

Ressignifique sua vida.

A OCASIÃO FAZ O LADRÃO

Será verdade? Ou será que um ladrão pode provocar ocasiões favoráveis aos seus propósitos?

Mahatma Gandhi dizia que ladrão é todo aquele que consome mais do que necessita.

Haveria um equilíbrio cósmico, segundo o qual cada forma de vida teria o suficiente para sua sobrevivência? Estariam aqueles e aquelas que usam mais do que necessitam sendo ladrões de vida?

No Butão, o governo sugere que, em vez do Produto Interno Bruto, o valor ideal para medir uma sociedade seja o Índice de Felicidade Interna Bruta.

Não é interessante? Em vez de medirmos uma sociedade segundo critérios econômicos, podemos avaliá-la pelos valores de satisfação, alegria, bem-estar, saúde física, mental e social. Pelo seu índice de felicidade.

E um dos índices é o da suficiência. Mas o que é suficiência? O que é considerado suficiente e/ou necessário para uma pessoa se sentir feliz, bem atendida, e o que seria para outras?

Há alguns anos, um praticante de minha comunidade estava caminhando pela Vila Madalena, em São Paulo, quando se deparou com uma senhora chorando sentada no meio-fio. Ela parecia ser pobre e estava muito triste. Na época, esse praticante estava interessado em desenvolver sua capacidade de compaixão. Ali estava uma situação adequada para praticar a empatia e a compaixão. Ele se sentou ao lado da senhora, já que ainda tinha uns dez minutos antes de rumar para o seu trabalho. Ouviu atenta e amorosamente o drama em que a mulher estava envolvida: a favela em que morava pegou fogo, seus filhos haviam sido levados para o hospital, ela não tinha para onde ir e precisava urgentemente de setenta reais para resolver a questão da moradia e ir buscar os filhos no hospital.

Comovido, o rapaz abriu sua carteira e deu a ela todo o dinheiro que tinha naquele momento. Quando começou a se levantar, um homem de terno surgiu e quis saber o que estava acontecendo. Ao ouvir a história, o homem se prontificou a ir com a senhora ao banco mais próximo, onde lhe faria uma grande doação. O praticante da minha comunidade sentiu-se impelido a fazer o mesmo, mas já estava atrasado para uma reunião. Considerando que a senhora seria bem atendida, deixou-a na companhia do outro homem e foi para o trabalho. Mas acabou se sentindo culpado. Passou o dia triste, achando-se mesquinho e insuficiente. À noite, veio falar comigo, desesperado. Considerava que havia falhado, pois não fora capaz de ir ao banco também e de fazer uma grande doação para aquela pessoa necessitada. Lastimava-se e culpava-se pela falta de compaixão.

Precisei de um bom tempo para que ele pudesse se calar e me ouvir. Falei: "Vamos examinar essa questão com mais profundidade?" Ele me olhou, atento. "Há tantas possibilidades. Talvez aquela senhora estivesse falando a verdade, talvez não. Isso acontece muito em São Paulo. Será que o homem de terno não era o parceiro daquela senhora e ambos tentaram dar um golpe levando você até o banco para roubar suas economias?"

Então, passei a refletir com ele sobre suficiência. Ele tinha dado à mulher todo o dinheiro de que dispunha naquele momento. Será que ela precisaria de mais do que ele tinha dado? Essa quantia teria sido suficiente para ela? Tinha sido suficiente para ele? Parece que não tinha sido suficiente para a ideia de compaixão que ele estava desenvolvendo. Mas a ideia nem sempre é a realidade.

Algumas vezes, simplesmente ouvir alguém é um ato de compaixão. Fiz o rapaz se lembrar de quem ele era, de quais eram suas necessidades verdadeiras. Devido à sua formação, apenas casa e comida não eram suficientes para ele, que precisava também de estímulos intelectuais através de livros, teatro, cinema. Alimentava-se ainda de filosofia, de arte e de esportes. Seu trabalho exigia que se vestisse de certa maneira.

O que é suficiente para uma pessoa não é para outra. "A sustentabilidade de sua vida é diferente da dessa senhora. Seus pais se sacrificaram, bem como seus avós, para que você tivesse um certo nível de intelectualidade. Estamos falando de muita gente envolvida para você ser quem é e ter as necessidades que tem. Resultado de muito trabalho e esforço. Assim, perceba que você fez o bem, da maneira que pôde. Não é necessário carregar culpa pelo que não pode fazer. Se ela estivesse mentindo junto ao outro homem, o problema seria deles. Você se compadeceu e ajudou como podia naquele momento. Lamentar-se por não ter feito mais, por não ter ido ao banco e oferecido suas economias — necessárias para sua sobrevivência na complexidade do ser que se tornou —, teria sido um extra."

Temos necessidades diferentes e, para atendê-las, fazemos escolhas. Para desenvolver algumas capacidades intelectuais, tivemos de obedecer aos que nos orientavam na infância, na adolescência. Desenvolvemos uma capacidade de reflexão que exige ser alimentada constantemente com livros, cursos, estudos, encontros. Nossa sensação de suficiência é definitivamente diferente da experimentada por alguém que não se interessou por desenvolver o intelecto ou que não teve condições, por exemplo.

Noutra ocasião, uma jovem senhora, num grande resort onde são organizadas encontros de CEOs, me procurou. Eu fora convidada a fazer uma palestra. Estava caminhando pela praia quando ela se aproximou e me disse: "Monja, sou obrigada a gastar fortunas em óculos, roupas de marca, para que meu marido seja aceito no grupo dos CEOs. Não é que eu queira competir com as outras esposas nem que eu aprecie essas coisas, mas, se não fizer isso, meu marido poderá não ser incluído no grupo." Interessante, pensei eu. A necessidade de ser reconhecido como um igual acabava recaindo também sobre a esposa, que precisava adotar um comportamento parecido com o das mulheres dos colegas de seu marido. "Se você perceber que isso é um mero expediente para a inclusão de seu marido, tudo bem. Cuidado apenas para não ficar prisioneira dessa situação. Depois que vocês dois forem acolhidos no grupo, você mesma poderá refletir com as outras esposas sobre os valores delas, quem sabe envolvê-las em algum projeto social e deixar de se sentir culpada pelos gastos extravagantes." Ou seja, ela poderia utilizar a inclusão para criar maior inclusão.

Como usamos as situações que o mundo nos apresenta? Temos tempo e energia roubados? Desperdiçamos oportunidades que possam surgir? Ou sabemos usar esses recursos de forma adequada, sustentável, considerando todas as formas de vida, o tempo e a energia que a vida nos disponibiliza?

Você é capaz de não cair na tentação de roubar o fisco? Será que não encontra mil razões para não pagar um determinado imposto, argumentando para si mesmo que os órgãos governamentais são corruptos? Só será possível terminar com a corrupção quando cada um de nós assumir um comportamento ético. Isso depende de você, de mim, de cada um de nós.

A ocasião faz o ladrão? Ou o ladrão cria a situação? Será que existe um cossurgir interdependente e simultâneo?

A ocasião que propiciaria um roubo não seria usada por uma pessoa ética, mas apenas por quem desrespeita princípios e valores comunitários.

Alguns casos são relatados na mídia sobre pessoas simples que devolveram dinheiro, documentos, pastas esquecidas em táxis ou bares. Dinheiro que teria ajudado esses indivíduos a sair de situações difíceis, mas eles são movidos pela empatia, pela compaixão, pelo sentido de considerar que quem perdeu aqueles valores deveria estar necessitando deles.

No Japão, depois do tsunami em 2011, muito dinheiro ficou espalhado pelo lodo e pelo entulho — montanhas imensas de restos de casas, carros, barcos. Não houve roubos. Houve, isso sim, encontrar esses objetos, esses valores, e entregá-los às autoridades para que fossem devolvidos a quem os perdera.

Isso não acontece em outros países em situações semelhantes. Por quê? Porque falta nesses países educação para o coletivo, para a empatia, para a mente de bodhisattva, para a compaixão.

Educar é formar pessoas capazes de ter respeito e consideração pelos outros.

Na África, ficaram famosas algumas experiências feitas com crianças pobres e famintas. Deveriam todos correr até uma árvore, e quem chegasse primeiro ganharia uma cesta cheia de alimentos, balas e doces. Para surpresa dos pesquisadores, as crianças correram juntas e, ao chegar à árvore, sentaram-se em círculo e compartilharam os alimentos. Não ocorreu a nenhuma delas que aquela seria uma boa ocasião para correr mais que as outras e ficar com a cesta só para si.

Contam lendas antigas japonesas que havia um povoado de ladrões. Naquela localidade, ser ladrão era uma arte, transmitida de geração a geração. Todos se orgulhavam muito de ser capazes de roubar qualquer casa ou pessoa sem deixar rastros.

Assim viveram por séculos, considerando-se muito honrados em sua profissão de ladrão. Certo dia, um morador do povoado foi até uma sala de meditação, onde uma mestra zen dava instruções. Na entrada ela pedia que todos deixassem seus sapatos bem arrumados, pé com pé.

O homem entrou e participou das instruções. Na hora de se despedir, a mestra o acompanhou até o saguão e viu que ele havia deixado o pé esquerdo de seu sapato de um lado e o direito de outro. Surpresa, ela perguntou se ele não havia entendido o que fora dito no início do encontro. Ele respondeu: "Entendi, mestra. Entretanto, venho do vilarejo dos ladrões, e sabemos que, se os sapatos estiverem juntos, será mais fácil roubá-los. Foi por isso que os coloquei separados. Não quero criar uma ocasião propícia para alguém roubar."

Isso também é verdadeiro. Lembre-se de estar atento e atenta. Não crie ocasiões em que os ladrões — escondidos nos mais secretos recônditos da mente — venham assaltar seus sonhos.

DEUS ESCREVE CERTO POR LINHAS TORTAS

Certo dia, durante uma palestra pública, usei essa frase me referindo à nossa incapacidade de aceitar a realidade como ela é: "Deus escreve certo por linhas tortas." Ela significa que nem sempre as coisas são como você imagina, mas podem ser até melhores do que você teria projetado.

Ao final da palestra, um ouvinte me chamou a um canto e me disse: "Monja, outro dia ouvi o seguinte: 'Deus escreve certo, mas nós fazemos as linhas tortas.'" Eu não havia pensado dessa forma. Quem teria dito isso?

O que essa pessoa queria dizer? Que nós, humanos, somos tortos e que Deus é perfeito? Que nós, humanos, compreendemos como tortas as linhas retas e corretas? Nossa capacidade de percepção, alterada pelos nossos apegos e aversões, nos tornaria incapazes de perceber a perfeição? Mas não somos nós a perfeição em nossas imperfeições?

Há uma corrente de arte japonesa segundo a qual a grande beleza está na falta, na imperfeição, na insuficiência. Uma sensação de pobreza, de algo faltando, de imperfeito.

Chamado de wabi-sabi, esse conceito estético está relacionado à cerimônia do chá. Sen no Rikyū, um grande mestre, se propôs a fazer as salas de chá em casebres pequenos e toscos, usando objetos simples e naturais, manifestando-se contra o luxo que os shoguns preferiam. A partir de Sen no Rikyū foi desenvolvida a capacidade de perceber a beleza no imperfeito, no impermanente e no incompleto.

Um kanji (desenho da escrita chinesa), se for escrito certinho, não terá a mesma beleza daquele que é escrito com emoção e sentimento. Talvez um pouco torto, talvez um tanto delicado ou forte, mas não absolutamente correto.

Uma sala de chá que tem no nicho da parede um vaso simples com uma única flor pode ser considerada mais bela do que outra que ostenta um vaso de ouro cheio de flores.

Menos é mais. Simplicidade e natureza são beleza e arte, movimento e quietude.

Quando eu era pequena, minha mãe tinha um quadro pendurado sobre a cabeceira de sua cama. Era a imagem, em branco e preto, de um busto de Jesus carregando na mão esquerda a Terra e na direita uma caneta-tinteiro. Era intrigante. Jesus estava escrevendo a vida na Terra? Então, por que havia guerras? Por que havia falta e opressão?

Muito cedo comecei a me perguntar: quem é Deus? A quem estamos chamando de Deus? Seria a imagem daquele senhor de longas barbas e cabelos brancos que Michelangelo pintara na Capela Sistina, no Vaticano? Estava ele, ali, na pintura, transmitindo a essência da vida a Adão, aquele outro homem jovem e forte? O ponto onde seus dedos indicadores quase se tocavam era o ponto da transmissão? O ser humano foi feito à imagem e semelhança de Deus? Apenas o ser humano? Será que todas as manifestações da vida, quer animal, vegetal, mineral não são também manifestação do sagrado? Criatura e criador estão separados? Quem os separa? Quem está escrevendo a vida, a nossa vida individual e coletiva?

Quando esportistas, jogadores de futebol, por exemplo, oram antes de um jogo, estão pedindo proteção? Estão pedindo a vitória? Por que será que quando ganham agradecem e quando perdem saem murchos do campo? Poucos são os que agradecem as derrotas. Será que a deidade invocada prefere uns aos outros? Será que criamos imagens de Deus conforme nossas necessidades?

Deus tem ou dá preferência? A prece de uns é ouvida e a de outros não?

A história fala sobre os dois primeiros irmãos bíblicos, Caim e Abel. A oferta de Abel é levada aos céus, recebida. Não acontece o mesmo com Caim, que, enfurecido, quer matar o irmão. Esse é o escrever certo através de uma linha de curvas? Não é a reta parte do círculo?

O que é correto? Algumas vezes, pensando fazer o bem, podemos estar fazendo o mal.

Quem está escrevendo agora as linhas de sua vida?

Você percebe que é ao mesmo tempo a linha, a caneta, a tela branca? Muitas vezes o que consideramos errado pode estar certo também. Uma linha torta é perfeita em sua condição de ser torta. Ver a realidade assim como é. Uma pessoa alta é perfeitamente alta. Uma pessoa baixa é perfeitamente baixa. Sem comparar torto e não torto, pois cada um tem sua qualidade e posição na vida. E nenhuma posição é fixa ou permanente. Tudo flui. Percebe que a aparente linha torta é apenas a perfeição do assim como é?

Será que há um Deus escrevendo linhas retas, tortas, curvas?

Será que você reconhece, além do torto e do reto, uma terceira maneira de compreender a realidade?

No zen-budismo há um koan* simples, dado a principiantes em meditação: "Ande reto por uma estrada torta." Mas como fazer para andar reto numa estrada cheia de curvas? Ora, simplesmente faça as curvas. Reclame menos e aprecie mais sua vida.

---

* Koan é um termo antigo que significa literalmente um caso público. Geralmente são questões colocadas aos praticantes do zen para que sejam capazes de transcender a mente lógica para acessar a essência do ser.

Diz-me com quem andas e te direi quem és

Com quem você tem andado?

Com quem se mistura e por quem é misturado?

O que você faz ao acordar?

O que lê? O que estuda? O que provoca sua mente?

O que faz você se levantar pela manhã?

Ou se levantar no meio da noite ou no meio do dia?

Qual a sua razão de viver?

Quem são seus amigos e amigas?

Com quem você tem andado?

Que interesses movem seu corpo e sua mente?

Que livros tem lido? Que conversas tem tido? A que programas de TV tem assistido?

O que posta no Facebook, no Instagram?

Quem é você?

Você faz companhia a si mesmo 24 horas por dia durante 365 dias por ano desde que nasceu e assim será até morrer. É melhor gostar de si mesmo.

Você aprecia a sua companhia? Ou está sempre querendo estar com outras pessoas?

Com quem você anda? Com a vida, com a morte, com os lucros, com a sorte? Anda com jovens e idosos, homens e mulheres, cães, cavalos, gatos e passarinhos? Anda com a Terra no seu giro sepulcral? Vai a enterros, velórios, casamentos, festas de nascimento?

Seus canais de comunicação são limpos, transparentes?

Você tem medo de ser pilhado na sua insignificância? Ser desmascarado? Sim, que tirem a máscara que você criou para si mesmo. E se descobrirem que você é uma farsa? A farsa do personagem forjado e retroalimentado por você e pelos outros.

Outros? Que outros?

O espelho mágico revela a sua face, aquela que o acompanha há mais tempo. Essa face ou essas faces, são boa companhia?

Você é capaz de apreciar quem é, quem você está construindo, fazendo e refazendo a cada instante? Você é uma pessoa digna e confiável?

Formamos grupos, tribos, times de futebol, partidos políticos. Procuramos pessoas que sejam significativas para nossos propósitos. Alguns de nós nos sentimos confortáveis entre religiosos, outros entre filósofos. Há quem goste de estar entre professores, pensadores livres. Há quem prefira as tradições e os rituais antigos. Há quem queira inovar e estar entre cientistas e descobridores.

Há quem se interesse por filmes de terror, crime, suspense. Há quem goste de chanchadas. Há quem prefira comédias e musicais.

A vida é uma escolha constante. Bailes de carnaval e baladas, o silêncio das capelas. Sopro de vento na face, motocicleta, veleiro, prancha.

Ondas do mar.

Drogas, álcool, sexualidade descontrolada. Estudo, leitura, reflexão.

Com sentido e sem sentido, escolhemos nossos parceiros e amigos, nossa turma.

Mas nada é permanente. Mudamos e, ao nos transformarmos, temos novos amigos, novas turmas. E alguns dos antigos podem nos acompanhar ou não.

Nunca permanecemos os mesmos. Da música clássica ao pagode, passando pelo jazz e pelo rock 'n' roll.

E quando não houver mais preferência? Quando seus olhos apenas virem, seus ouvidos apenas escutarem e a língua apenas decifrar os diferentes paladares?

Ainda assim haverá o céu e o mar, haverá a terra e as matas, cidades, teatros, aterros, rios, montanhas, vilarejos. Pessoas dignas e indignas.

De que lado você fica?

Buda era um mendigo itinerante. Havia abandonado castelos, riquezas, servos, cavalos, carruagem. Havia abandonado o que é difícil de abandonar e caminhava à procura do caminho.

Encontrou praticantes de ioga e se sentou com eles por anos. Depois praticou com ascetas por outros pares de anos — sem dormir, sem beber, sem comer.

Finalmente se sentou sozinho, sob uma árvore. No silêncio, ouviu todas as vozes interiores, suas provocações de entretenimento, seus medos, suas fugas. E permaneceu sentado. Sorrindo, viu a estrela da manhã surgir e superou todos os seres que nele habitavam — dentro e fora.

Tornou-se a sabedoria pura, sem nada a ganhar e sem nada a perder. Sem medo e sem expectativas. Era o todo e era o nada.

Assim caminhou, solene e suave, simples e macio, pelas estradas da Índia. Pessoas se aproximavam e o seguiam. Multidões. Mais de dois mil e seiscentos anos se passaram e ainda há multidões seguindo seus ensinamentos. Há diferenças entre os grupos. Há semelhança da raiz comum, do mestre fundador original.

Jesus de Nazaré continua sendo o Mestre para multidões. Seguidores em inúmeros países, interpretando os ensinamentos e algumas vezes lutando entre si sobre o legado.

A quem você segue? Por quem é seguido? Hoje queremos ter muitos seguidores nas redes sociais. Perder um seguidor é temeroso, perder mais de cinco é pavoroso, perder milhares é um terror.

Todos queremos ser seguidos, admirados. Vaidosos seres humanos, podemos até sentir prazer em provocar haters, pessoas que nos detestam. Seguidores haters... Mas seguidores.

Atenção. Queremos atenção, mas nem sempre damos a devida atenção ao conteúdo, ao valor, ao princípio de estar atento.

Quem é você? Observe-se em movimento e quietude. Diga-me com quem andas e eu te direi quem és. Observe com quem você anda e você saberá quem está sendo, quem foi e quem virá a ser. Mas, ao descobrir quem você é, saberá com quem andar?

O HÁBITO FAZ O MONGE

O hábito, de habitual, faz um monge. A roupa monástica, simplesmente, não faz um monge.

Os textos budistas dizem que, se uma pessoa mesmo de brincadeira, usar um hábito monástico, poderá se tornar monástica. Mesmo aquelas que o usam como fantasia de carnaval...

Houve, por um breve instante, a escolha de algo que tocou você. Quer se fantasiar de monja? Cuidado para não se tornar uma. Principalmente se, além da fantasia, habituar-se a habitar o sagrado.

Na época de Xaquiamuni Buda, certa vez, um homem embriagado aproximou-se do Mestre e pediu para se tornar monge. O Mestre concordou. Seus discípulos ficaram preocupados: teria ele percebido que o homem estava embriagado? Que, ao acordar da embriaguez, talvez se arrependesse e fosse embora?

Buda respondeu apenas que o preparassem para a ordenação. Raparam seus cabelos, bigode e barba, trocaram suas roupas comuns pelos hábitos monásticos. O homem fez os juramentos e foi se deitar. Na manhã seguinte, ao acordar da embriaguez, ficou desesperado e saiu correndo. Os monges comentaram: "Mestre, nós avisamos ao senhor. Ele estava embriagado."

E Buda disse: "Se embriagado ele quis se tornar monge, certamente um dia se tornará." E assim foi. Anos mais tarde, o mesmo homem veio, lúcido e sóbrio, receber os votos monásticos. O hábito fez o monge — hábito de roupa, de tecido, de panos.

Há o hábito de se tornar aquilo que praticamos, bem diferente de apenas colocar as roupas de um praticante e não praticar. Há o hábito de habitual, de fazer sempre, todos os dias, religiosamente.

A palavra "religião" tem raiz comum com os seguintes derivados: *religare*, de religar, *relegere*, de tornar a ler, reler, rever e *religiosamente,* fazer sempre todos os dias.

Somos o que praticamos.

Nos últimos anos tenho recebido recompensas enormes por causas que nem sabia terem sido tão benéficas. As editoras me convidam a dialogar com grandes professores. Tenho recebido aulas maravilhosas e percebido que um professor é sempre um professor, mesmo quando não está em sala de aula.

Outro dia fui fazer fotos com o professor Clóvis de Barros Filho, para o nosso livro *A monja e o professor*. Estávamos de pé, conversando, e o professor Clóvis apontou objetos, comentou sobre Aristóteles e Platão, apontou o céu e a terra — ele estava sendo o professor mesmo entre brincadeiras e sorrisos, para uma sessão de fotos.

Meus encontros e palestras com o professor Leandro Karnal também têm sido de aprendizado. Algumas vezes, quando pedem para tirar uma foto com ele, o professor Karnal pergunta: "Por quê? Se gosta do que eu falo, leia meus livros, venha às minhas aulas e palestras." Seria a foto suficiente para conter o conteúdo? Autografar ao lado dele é uma aula sobre nomes, origens, santos, ortografia.

O professor Mario Sérgio Cortella mora nas redondezas do templo, e às vezes o encontro nos restaurantes do bairro. Se acaso nossos caminhos se cruzam, o cumprimento não é comum e casual. Sua resposta ou sua pergunta são uma aula sobre a origem de nomes e palavras, ou uma provocação ao pensar.

Os três são professores há anos. Habituados a dar aulas, a ensinar as pessoas a se questionar e a ressignificar suas vidas.

O hábito os faz professores, e o prazer do pensar, refletir e transmitir é inegável nos três. Pessoas diferentes que desenvolveram a arte de educar, com seus sucessos e fracassos, sem jamais desistir. Aulas e aulas para alunos interessados e desinteressados, procurando despertar o prazer de pensar, pesquisar, ler, conhecer, refletir.

Um atleta só é atleta se praticar o atletismo. Ler sobre atletismo, estudar o corpo humano, não são suficientes para se tornar um atleta — quer seja surfista, boxeador, atleta que pratica salto com vara, corredor, jogador de futebol, tênis de mesa, vôlei ou basquete. Seja qual for a modalidade, da esgrima ao salto equestre, é a prática que faz o atleta.

"Prática é realização", escreveu mestre Eihei Dogen Zenji (1200-1253). Nós não praticamos para vir a ser. Porque somos, praticamos, e a prática nos torna o que somos. Não praticamos para nos tornarmos seres iluminados, despertos. Mas, porque o somos, praticamos.

Veja bem um nadador: é ao nadar que se torna nadador. Apenas saber a teoria, ler livros, conhecer a anatomia humana do movimento ao nadar, sem nunca entrar na água, não faz dessa pessoa um nadador. Pode ser um iniciante, pode ser um iniciado. Pode se tornar excelente ou medíocre. Mas é apenas nadando que se torna um nadador.

A prática é a realização. Há pessoas que são excelentes no que fazem. Outras são medíocres, e há outras que são insuficientes. Para que haja suficiência, é preciso que haja prazer no que se está fazendo.

Quando estive visitando o Teatro Municipal de Manaus, subi às galerias superiores, onde havia algumas peças de museu. Entre elas estavam as sapatilhas de Margot Fonteyn, uma das maiores bailarinas clássicas do século passado.

Contam que, quando as outras bailarinas conversavam e faziam exercícios leves antes de entrar no palco, a primeira bailarina inglesa, Margot Fonteyn, se exercitava em silêncio e com precisão. Muitas vezes suas sapatilhas ficavam manchadas de sangue. Havia dor, desconforto, mas além da dor e do desconforto havia o prazer incomensurável de deixar de estar separada e se tornar a dança em si, a música em si, o movimento em si. Transcendendo a técnica e o próprio eu. Isso é arte.

No Japão houve um grande jogador de beisebol. Esse homem usava o bastão com tanta arte e sabedoria que não havia bolas boas ou bolas más para ele: todas eram bolas perfeitas. Contam seus companheiros de time que, muitas vezes, acordavam no meio da noite e o viam de pé, com o bastão na mão, treinando exercícios e movimentos. A dedicação, a prática, fizeram dele um jogador excelente. Depois que se aposentou, se tornou um grande treinador.

Isso é tornar-se o esporte, a atividade. Indo além da técnica, mas com muita técnica e habilidade para observar em profundidade.

Alguns jogadores de futebol são assim: o rei Pelé da minha juventude e agora, em minha velhice, Neymar, Cristiano Ronaldo e Messi. Outros vão surgindo... Aqueles capazes de ir além do excelente para se tornar extraordinários. Precisão e alegria — esporte e arte. Isso é o hábito fazer um monge.

O hábito de orar, estudar, meditar, trabalhar, falar, pensar e tocar cada objeto ou cada ser com o respeito adequado é ir se tornando um ser espiritual. É reconhecer o sagrado em cada partícula e no todo. Não apenas quando em frente a outras pessoas, como em um teatro. Mas o que acontece nos bastidores, o que acontece nos camarins, o que acontece quando o público não está vendo. aplaudindo ou vaiando. O esforço contínuo, o foco, a atenção e a alegria de estar sempre à procura do aperfeiçoamento da técnica, da arte, do corpo, da mente.

O hábito faz aquele que o habita.

O hábito de habitar o sagrado nos sacraliza.

A aparência, a superficialidade, a cópia não são suficientes. São aparência, superficialidade e cópia. Entretanto, se quisermos copiar superficialmente a aparência de um ser, se sentirmos prazer em fazer isso, e o fizermos religiosamente, todos os dias e todas as noites, a cópia poderá se tornar um original e *voilá*: de repente, já não há mais cópia, aparência nem superficialidade.

Tornamo-nos o que praticamos.

MAIS VALE UM PÁSSARO NA MÃO DO QUE DOIS VOANDO

Qual é o pássaro que está em suas mãos? Quais são os dois pássaros voando?

Certa vez fiquei observando diversos pássaros em voo. A ideia da liberdade de um pássaro é relativa, pois cada espécie só pode voar até determinadas alturas.

Livre como um pássaro? Nem todos os pássaros são livres, ou tão livres como imaginamos.

Lembro-me de um livro de Leonardo Boff, baseado em uma história antiga da América Latina, *A águia e a galinha*. Foi um dos primeiros livros que me indicaram quando voltei do Japão para o Brasil, há mais de vinte anos.

Uma pequenina águia foi encontrada por um fazendeiro. Havia caído do ninho. O fazendeiro a levou para o galinheiro e a deixou com os frangos e galinhas. Ela aprendeu a ciscar, nunca soube voar. Um pássaro na mão.

Mas uma águia voa alto. Certa ocasião, o fazendeiro que a acolhera, percebendo o absurdo da águia — agora adulta — vivendo no galinheiro, resolveu levá-la para um local alto e a soltou. Que voasse. Ela não conseguiu. Não sabia voar. Sabia ciscar e dar pequenos pulos. Melhor ter um pássaro na mão?

A natureza da águia é voar nas grandes alturas. Uma vez na vida quebra seu próprio bico e arranca suas penas para renascer. Voa alto, habita penhascos, alimenta-se de pequenos animais, cobras, insetos.

Seria melhor mantê-la no galinheiro, como se fosse uma galinha? Como um troféu egoico e trágico?

Parece que esse homem era um ser do bem e só sossegou quando a águia foi capaz de voar para longe.

A analogia do livro é feita em relação a nós, seres humanos, capazes de alçar voos incríveis mas que nos mantemos aprisionados como galinhas, ciscando restos pelo chão.

A quem interessaria ter águias tratadas como galinhas?

Há pais que não querem deixar seus filhos serem quem são. Gostam de os manter nas gaiolas de ouro, com presentes, alimento, mimos, mas incapazes de pensar e de ser.

É melhor ter dois pássaros em voo, livres e soberanos de seus espantos e decisões, capazes de ver a distância, independentes em suas escolhas e voos.

Há quem goste de pássaros em gaiolas. Um pássaro solitário em uma gaiola pequena ou vários pássaros em uma grande gaiola. Eu os aprecio livres, cantando nas árvores e nos fios elétricos das grandes cidades, alojando-se nos telhados e beirais. Tornando-se invisíveis em meio às folhas. Surgindo magicamente ao amanhecer com a música suave do planeta Terra.

Não, eu não quero ter um pássaro em minhas mãos. Prefiro que os pássaros estejam soltos.

"Furaro os óio do assum preto, pra ele assim, ai, cantá mió. (...) Mil vez a sina de uma gaiola, desde que o céu, ai, pudesse oiá" (canção composta por Luiz Gonzaga e Humberto Teixeira).

Há quem queira aprisionar os pássaros e, para que cantem melhor, fura seus olhos. Violência. Absurdo. Egoísmo. Cortam parte das asinhas. Mutilação.

Meu passarinho, meu pássaro, aprisionado, cego, para que eu aprecie seu triste trinado? Inconcebível para mim.

Fazem com pássaros, com animais, com pessoas — na mentira de amar e "fazer para o seu bem".

Não, eu prefiro dois pássaros voando do que um em minhas mãos. E que ninguém se atreva a atirar neles, a caçar passarinhos — como fazem algumas pessoas famintas que assam pombas nas praças das cidades grandes.

Há pessoas que abrem uma das entradas de gaiolas enormes, enchem o chão de alimentos e, quando as pombas entram, fecham a grade e levam todas embora. Isso eu vi. Para quê? Para trabalhos espirituais, me respondeu um morador de rua que, assim como eu, se condoía pelas aves.

Será que não estamos em um momento de fazer oferendas simbólicas, de papel, de tecido, de desenhos?

Fui oficiar um serviço funerário. Antes de fechar o caixão, o filho mais velho disse: "Eu não sei rezar. Sei, meu pai, que o senhor foi um homem bom e digno. Sei que deixou de beber Coca-Cola para que seus quatro filhos pudessem estudar. Todos fizemos faculdade. O senhor, um homem simples, nos deu vida com qualidade. Foi puro amor e alegria. Gratidão infinita por sua vida, essa vida que continua em mim, em cada um de nós. Que sejamos hábeis e dignos, capazes de manter viva a inspiração de sua vida, em nossas vidas."

Não seria essa a oração mais profunda e verdadeira? Mais do que apenas repetirmos palavras decoradas e que, de tão repetidas, perderam o sentido mais profundo e íntimo?

Nada se iguala à liberdade de ser, pensar, falar, viver — voando livre nos limites de nossos voos pelo azul, vazio de intenções e pleno de possibilidades. Mais valem pássaros livres, selvagens, felizes.

QUEM AMA O FEIO, BONITO LHE PARECE

O amor transforma a nossa visão da realidade? Acostumamo-nos com a feiura, como em *A Bela e a Fera*? A beleza estará apenas nas linhas áureas, linhas de equilíbrio que encontramos na natureza? E os desequilíbrios? Será que são perturbadores?

Quando eu era pequena, minha mãe voltou a estudar. Foi para a Faculdade de Filosofia da USP — naquela época localizada na rua Maria Antonia. Ela gostava muito de estudar. Abria uma pequena mesa de feltro, colocava livros e cadernos e se sentava por horas num prazer surpreendente.

Eu queria estar pertinho dela, em seu colo. Muitas vezes ela me carregava e pedia que lesse algum trecho para ela. Se eu mal entendia o sentido, podia ler as palavras. Assim ela me acariciava enquanto estudava.

Certa ocasião ela comentou comigo que havia dois pensadores que se opunham na maneira de compreender a realidade: "Rousseau diz que o ser humano nasce bom e que a sociedade o corrompe. Já Lombroso fala do assassino nato, que teria determinadas características físicas reconhecíveis." Conversas com minha mãe por volta dos dez/onze anos de idade. Inesquecíveis.

A feiura, as deformidades de testa, cérebro, face não fazem necessariamente um assassino. A face suave e bela de uma criança pode esconder um pequeno monstro.

Cinderela era bela e boa. Suas irmãs eram feias e más. Por que não poderia ser Cinderela feiosa e boa? Por que suas irmãs não poderiam ser belas e más?

Criamos na mente humana uma ligação entre beleza e bondade que nem sempre é verdadeira.

Quando amamos alguém — quer por sua bondade, quer por sua capacidade intelectual, acolhida, compreensão e ternura —, passamos a apreciar sua presença física.

Não necessariamente a pessoa se torna bela exteriormente, mas essa beleza interior, cultivada, treinada, desenvolvida pelo contato com a sabedoria e com a compaixão, talvez seja a única beleza verdadeira.

Quando jovem, as pessoas diziam que eu era bonita. Isso me incomodava. Afinal, eu nada fizera para ser bonita, para ter os traços que tinha, a forma física. Naquela época não íamos a academias, e era natural a atividade física nas escolas ou nos clubes próximos.

Queria que me admirassem por algo que eu estaria construindo: meu intelecto. Entretanto, a maioria das pessoas não me perguntava sobre minhas opiniões e pensamentos. Ser bela era o suficiente e minha sina.

Mas eu gostava muito de ler. Lia incessantemente.

Conheci Silveira Sampaio, um grande apresentador de televisão, que iniciou no Brasil programas nos quais Jô Soares e outros se inspirariam mais tarde. Não havia plateia em seus programas. Uns dois ou três casais, entre eles eu e meu marido, íamos assistir a seu programa na televisão. Depois, tarde da noite, íamos tomar uma sopa ou jantar nas redondezas. Nessas ocasiões ele me perguntava: "O que você achou do programa?" E ele me ouvia atentamente. Uma das poucas pessoas que se interessavam pelo que uma adolescente recém-casada pensava.

Quando comentei que estava lendo, naquela época, o *Admirável mundo novo* de Aldous Huxley, abriu os olhos.

Nosso relacionamento se expandiu com o tempo, e podíamos conversar sobre vários assuntos. Que alegria. Eu não era apenas a menina bonita, bem-vestida, penteada — era alguém que pensava, lia, refletia. Isso, para mim, era a verdadeira beleza.

E continua sendo. Eu poderia dizer que Silveira Sampaio era lindo, com seu nariz adunco... E era um ser capaz de incluir, de ouvir, de refletir e de crescer.

Minha superiora no mosteiro feminino de Nagoia, Japão, faz uma analogia que muito me agrada: "Há pessoas que, ao olhar para uma rosa dizem: é bonita, mas tem espinhos. Outras são capazes de dizer: tem espinhos, mas como é bela."

Assim, podemos apreciar pessoas que, sem o conceito estético da nossa era, apesar do nariz torto ou da boca muito grande, são belas.

A beleza está nos olhos de quem vê? Não exatamente. Os olhos veem o que é, assim como é. O julgamento de valor é subsequente.

Quando somos capazes de observar em profundidade, reconhecemos os seres como são e podemos ter uma barata ou uma pulga como nosso animalzinho de estimação.

Assim faz meu bisneto, que escolhe seus animaizinhos de estimação entre as formas mais estranhas de insetos e criaturinhas selvagens. Até mesmo as imaginárias, como dragões que cospem fogo ou algas moles e grudentas.

Você é capaz de amar além da aparência física, e capaz de realmente ver o que é, assim como é? Esse é o olhar, a mente de Buda, a mente iluminada. Sem julgar, sem escolher, reconhecer o que é, no assim como é. E apreciar a vida em sua multiplicidade de faces e expressões.

Quem ama o feio ama o feio — que de ser amado não fica bonito, mas é quem é. Feio e bonito são julgamentos de valor que surgem de acordo com culturas e eras.

Quadros medievais são de mulheres gordas, rosadas, saudáveis. As magras eram as doentias, tuberculosas, fracas.

Os homens gordos eram símbolo de fartura, riqueza, bem-estar. Os magros eram símbolo de sovinice.

Hoje consideramos homens e mulheres atléticos, musculosos, magros, como ícones de beleza física. Criamos padrões e tentamos nos enquadrar neles. Surge a anorexia, o exagero nas atividades físicas e as deformações musculares, as drogas para estimular músculos, evitar a menstruação. É preciso ter cuidado.

Saúde física, mental e social inclui o cuidado, a atividade física, a alimentação adequada, o emocional conhecido para ser utilizado de forma hábil, construindo relacionamentos de harmonia e respeito. Assim, a beleza pode estar tanto na música clássica como no punk ou no que vier a ser.

Apreciar a vida, em suas múltiplas manifestações e momentos transitórios, em suas imperfeições e incompletudes, é mais significativo do que procurar por uma beleza eterna, permanente e perfeita.

ÁGUAS PASSADAS NÃO MOVEM MOINHOS

•◆•

O que passou, no passado está. Mas, se o tempo é circular, conforme dizem os povos indígenas, passado, futuro e presente estão se manifestando simultaneamente.

A água que passou não volta a passar? Mas as gotículas de água evaporam, tornam-se nuvens, chuva e voltam a passar. Modificadas, não as mesmas, mas água.

No livro *Sidharta*, de Herman Hesse, o jovem se torna um barqueiro em determinado momento da vida. É uma alegoria de Xaquiamuni Buda, que também viveu episódios assim. Quando demoravam a vir passageiros, ele observava o rio. Percebeu que a mesma gota d'água não passa pelo mesmo lugar duas vezes. Tudo que nos acontece só acontece uma vez. Impermanência, transitoriedade.

Ao mesmo tempo, ele sentiu que devemos, como o rio, rir de nós mesmos. O fluir das águas suaves era como se estivesse rindo: *tchã tchã tchã tchã...*

Quando conseguimos rir de nós mesmos, podemos nos libertar de nós mesmos.

O autoconhecimento, não como peso, culpa, julgamento, mas como reconhecimento da nossa pequenez e insuficiência, que pode se tornar grandiosidade, depende da nossa capacidade lúdica de nos transformarmos, de fluirmos, como as águas de um riacho.

Os moinhos de água, para quem nunca os viu, têm uma estrutura interessante. Há uma roda com conchas que vão se enchendo das águas do riacho que passa embaixo da roda. Quando cheias, fazem com que uma tora de madeira bata com força no pilão, esmagando o trigo. Ao se esvaziarem, a tora de madeira se levanta e assim por diante.

Águas que passaram não enchem de novo essas cuias. Outras águas hão de vir.

É o mesmo que não chorar sobre o leite derramado... Não adianta nos lamentarmos pelo leite que derramou e se espalhou no chão. Não é possível recuperá-lo. Podemos, sim, aprender a andar com mais cuidado e evitar que o leite derrame.

Mesmo quando colocamos o leite na panela, acendemos o fogo e nos distraímos: o leite ferve, cresce e se derrama pelas bordas da panela, molha até o fogão. Leite derramado.

Adianta chorar? Dá para voltar atrás? Dá para recuperar o leite que se espalhou por toda parte? Difícil limpar.

Assim é também com o que falamos e pensamos. Podemos espalhar benefícios, amores, respeitos, como podemos contaminar relações e sociedades com infâmias, venenos, mentiras, injúrias, falsidades. Lamentar-se apenas de nada adianta.

Há um texto clássico do zen-budismo que relata a história de um grande monge chamado Bodidarma ou Bodaidaruma.

Ele era o terceiro filho de um rei da Índia Antiga, que se tornou monge e foi para a China. No novo continente, tornou-se um grande mestre — é considerado o fundador do zen-budismo.

Quando Bodidarma chegou à China, foi recebido pelo imperador da Província de Wu. Esse homem era devoto do budismo e havia construído mosteiros, facilitado traduções e ordenações monásticas. O budismo se instalou e se espalhou por todo o país.

Ao saber da chegada do monge indiano, o imperador o convocou à sua corte. Assim, em frente a todos, esperava receber o reconhecimento por sua obra e os elogios do mestre Bodidarma. Este, entretanto, não respondeu como o imperador esperava.

O diálogo foi algo como:

— Tenho construído mosteiros, ajudado na formação de monásticos, facilitado a tradução de textos sagrados. Tenho acumulado méritos, não tenho?

Nosso monge viajante, com mais de sessenta anos de idade, respondeu:

— Não méritos.

Surpreso, o imperador perguntou:

— Então, o que é sagrado para o senhor?

O monge respondeu:

— Vazio. Nada sagrado.

Impaciente, o imperador perguntou:

— Quem está à minha frente?

E Bodidarma respondeu:

— Não sei!

Essa frase foi terminal. Bodidarma, percebendo a fragilidade desse encontro, decidiu sair da cidade e foi para longe, atravessou rios e se instalou no mosteiro de Shaolin. O relacionamento, que poderia ter sido construído, se desfez.

O leite derramou. A tigela caiu e se quebrou. O texto clássico comenta que Bodidarma deixou o pote cair sem olhar para trás.

Bodidarma não se desculpou, não se lamentou. Não ficou horas pensando em alternativas que não aconteceram. Não se culpou nem ao imperador. Não havia sido possível uma comunicação verdadeira. Apenas foi embora, sem lástimas e sem rancores.

Será que somos capazes de apenas continuar nossa jornada quando deixamos o vaso cair? Será que queremos remendar, catar os cacos, pedir desculpas, refazer a cena, voltar ao passado, recomeçar?

"Águas passadas não movem moinhos" significa que o que passou é passado. A água se foi, e o moinho só vai se mover com novas águas. Assim é a vida.

Um relacionamento termina e não adianta correr para trás, querer que volte a ser o que era antes. Nunca voltará.

Poderemos criar um novo relacionamento, com a mesma pessoa, através de nossa mudança de comportamento. Mas não é possível voltar ao passado. É sempre daqui para a frente.

Quando abrimos nossas mãos, elas ficam repletas de todo o universo. Tentar conter, segurar o que já foi — quer tenha sido bom ou não —, é ficar atolado como vaca no brejo, é ficar preso como sabiá em teia de aranha, é ficar limitado pelo passado, sem possibilidade de viver o presente e criar um novo futuro.

Precisamos sempre nos lembrar do movimento incessante, do fluxo da existência e fluir.

"A morte é um período em si mesma. A vida é um período em si mesma. A morte não se transforma em vida. A vida não se transforma em morte. Assim como a lenha tem seu começo, meio e fim, a brasa tem começo, meio e fim. A brasa não volta a ser lenha. A morte não volta a ser vida" (mestre Eihei Dogen, trecho do *Genjokoan*).

Ao mesmo tempo, a cinza volta para a terra. A terra, a chuva, o vento, a semente é cultivada e volta a ser árvore, arbusto, planta. Um ciclo incessante de vir a ser.

Águas passadas não movem o moinho neste momento. Mas, depois de a água virar chuva novamente e se tornar rio, o moinho será movido. Aquela experiência passada poderá ser reciclada e transformada. Nada permanece o mesmo. "Ichi go, ichi e."

Tudo acontece uma única vez. Portanto, aprecie sua vida e, quando for o momento, aprecie sua morte.

"Fonte, fonte, não me leves, não me leves para o mar. (...) Eu fui nascida no monte, não me leves para o mar. (...) E a fonte, sonora e fria, rolava, levando a flor" (Vicente de Carvalho).

QUEM TEM FAMA DEITA NA CAMA

Ser campeão do mundo não é se deitar em uma cama de rosas, cantava Freddie Mercury. Todas as pessoas de sucesso sabem que, para atingir a excelência, é preciso muito treinamento, prática, esforço. E para que o sucesso seja contínuo é preciso continuar a treinar, praticar, se esforçar.

O professor Leandro Karnal disse em uma de suas palestras no YouTube: "As pessoas não sabem o que é necessário para ter conhecimento. Eu acordo às quatro horas da manhã todos os dias para ler, estudar, meditar." Não é possível se deitar na cama.

Certa ocasião assisti a palestra de um antigo treinador de futebol da seleção brasileira. Ele disse: "A vitória é como uma espada: ninguém se senta sobre ela." Se parar de se esforçar por se considerar vitorioso, será cortado ao meio.

Fama é assim. Reconhecimento público é assim. Como tudo o mais, temporário.

O consumismo consome rapidamente. Deitar na cama da fama é se deitar em uma cama de pregos, de espinhos. A coroa de Jesus de Nazaré. Não é uma cama macia para descansar. Nem sempre é a coroa de louros dos atletas, que murcha, nem a coroa dos reis, que podem ser depostos e terminam em museus.

Fama é o trabalho incessante de atender a mídia, os fãs. as solicitações infindáveis, as fotos, os autógrafos, a impossibilidade de passar despercebido onde quer que vá. Inclusive nos banheiros públicos.

Talvez por isso os que se tornam ricos e famosos comprem jatos particulares, andem disfarçados, com seguranças os cercando. O amor dos fãs pode ser perigoso. Amor demais pode machucar.

Dizem que os Beatles desistiram de suas turnês quando foram para os Estados Unidos. As fãs gritavam tanto que mal ouviam sua música. Para entrar e sair dos auditórios, eles tiveram de usar carros-fortes — como esses de levar dinheiro dos e para os bancos.

A música deles continua agradável e faz sucesso até hoje. A banda se desfez. John Lennon, que pedia uma oportunidade para a paz, foi assassinado.

Será que as pessoas famosas podem realmente ser ouvidas? Ou o público quer apenas uma foto, um autógrafo, um tocar, beijar?

Neymar, um dos três melhores jogadores de futebol desta geração, é constantemente criticado. Sofre inúmeras contusões, faltas vergonhosas com a intenção de o ferir e de o impedir de jogar para sempre. Fizeram o mesmo com Pelé, que na Copa do Mundo da Rússia precisou entrar em campo numa cadeira de rodas. Não é fácil, a fama.

Que cama é essa? A cama da cobrança, da exigência da perfeição permanente, do não sofrer, do não sentir dor.

E reclamam de Neymar, que deveria ser uma deidade perfeita e imaculada. É um ser humano, jovem, enérgico, que se irrita com a inveja, a injustiça, as faltas de outros jogadores e de juízes. Um ser que chora de emoção, que grita, que salta e que faz gols maravilhosos, que tem a visão de campo, que tem a bola como sua extensão, correndo macia e certeira — quer nos passes, quer nos gols. Perde e não desiste. Resiliente, persiste. Falam mal, reclamam, invejam. Dura é a cama da fama.

O mesmo acontece com Messi, jogador extraordinário. Se não lhe passam a bola, se os adversários não o deixam jogar, marcado pela fama, ele é o responsável pela derrota. Seria ele, sozinho, o responsável? Áspera é a cama da fama. Quem quer se deitar nela?

O português Cristiano Ronaldo é capaz de sorrir até na derrota. Não tem tatuagens, doa sangue, faz musculação, cuida de crianças e de seus filhos, mantém uma vida aparentemente digna e consistente com os valores de um ser do bem. Capaz de controlar as emoções como controla a bola. Mesmo assim, seu time perde às vezes. Ele perde gols, passes. Mas ajuda um jogador adversário a sair do campo quando este se machuca. Essa cama de fama talvez seja mais macia.

Nas redes sociais, correm atrás de seguidores. Quantos mil? Quantos milhões? Jovens que possuem canais no YouTube sofrem muito. Quanto mais famosos, menos dormem, mais precisam postar. Alguns se drogam, bebem muito. Alguns ficam tristes, vazios com o sucesso. Outros se alegram e vivem os momentos da fama com alegria, sabendo que quem tem lovers também tem haters e que nada é permanente.

Assim, se você procura a fama, trabalhe muito, treine muito, esforce-se e não espere por nada mais do que ser excelente no que faz.

Se a fama vier, receba-a com respeito. Saiba que ela passará. Aprecie cada momento. Cuidado para não se achar superior a ninguém, nem inferior. Fuja das armadilhas da fama. Dê autógrafos, faça fotos, sorria no banheiro quando você, apressado, quer fechar a porta... Momentos.

Sem se suicidar, sem morrer de overdose, sem se irritar e se descontrolar, aprecie cada momento da vida. Das pessoas que o aprovam e das que desaprovam. Ouça as críticas, procure verificar se são pontos a fortalecer. Aprecie a ternura de seus seguidores e cuide-se para que a fama não controle sua vida.

Há tantos seres maravilhosos, excelentes em seus campos de atuação, hábeis em compaixão e sabedoria, que nunca se tornam famosos nacional ou internacionalmente. Quem sabe para esses deitar na cama seja repousante?

QUEM CANTA SEUS MALES ESPANTA

Respiração consciente é a chave para a mudança de humores. Abertura do diafragma, abertura da glote, inspirar e expirar conscientemente podem afastar nossos males.

Cantar é trabalhar diretamente com a respiração. É também tornar mais leves as nossas dificuldades. Não dar poder ao mal — pelo contrário, tirar-lhe o poder.

Cantar cantos de amor e de louvor. Apreciação da vida, além do afinado e do desafinado. Há trabalhos interessantes sendo desenvolvidos para ensinar a cantar pessoas que têm dificuldade para memorizar músicas, para reproduzir o que ouvem ou mesmo para ouvir.

Em uma competição de cantores nos Estados Unidos, uma jovem com deficiência auditiva se apresentou cantando maravilhosamente bem. Ela se mantinha descalça, para sentir pelos pés o ritmo dos instrumentos que a acompanhavam. A surdez não era de nascença, foi um processo que aconteceu na adolescência, mas ela cantava quando pequena. E foi capaz de refazer a memória dos músculos e das cordas vocais. O peso da falta de audição foi compensado e hoje ela fala e canta como se ouvisse, e muito bem. Entretanto, precisa de alguém que, através da linguagem de sinais, traduza a fala de outras pessoas. Foi e é necessário esforço incessante.

Lidar com os males da vida exige o respirar consciente e a entrada em outra linguagem.

A música é uma linguagem diferente. Alguns são capazes de a usar e compreender, outros não. Mas, como toda linguagem, pode ser aprendida e treinada.

Há músicas que incitam violências e guerras. Há músicas que levam à paz e à harmonia. Notas musicais podem modificar nossos estados emocionais/mentais e fisiológicos. Assim, não é apenas o cantar que espanta nossos males. É também o que cantar, o que entoar.

Fazemos escolhas o tempo todo. Nossos ouvidos ouvem todos os sons e os reconhecem. Antes de qualquer julgamento de valor. Mas podemos notar que o canto de um pássaro satisfeito é muito agradável. O piar de um filhote que caiu do ninho é de dor e sofrimento.

Todos os sons nos revelam emoções. Há músicas que aceleram os batimentos cardíacos e há as que os reduzem.

Precisamos escolher.

O suicídio geralmente é praticado em silêncio, mas pode ser praticado ouvindo música ou até mesmo cantando. Está havendo um movimento internacional para diminuir o número de suicidas no mundo. Há os que se matam por uma causa.

Há os que se matam sem causa.
Há os que se matam para fugir.
Há os que se matam para provar sua coragem.
Há os que se matam por tristeza.
Há os que se matam por desesperança.
Há os que se matam por overdose de drogas.
Há os que se matam de tanto comer, de tanto beber, de tanto provocar a sexualidade.
Há inúmeras formas de suicídio.
Há inúmeras razões e há inúmeras não razões.

Eu insisto para que vivam. Que possamos viver pelo que é bom e pelo que é ruim. Tudo é movimento e transformação.

Uns se matam por excesso de fama e exposição pública — sentem falta de amor, pois ser amado por milhões pode significar não ser querido por um ser específico. Desconfia-se dos amigos que se aproximam pela fama, pelo dinheiro. Desconfia-se do amor. Lobos solitários se trancam em palacetes, salas, aposentos. Sentem-se sós e se isolam mais e mais.

Cuidado, é momento de procurar ajuda. Não apenas de drogas, de remédios, mas de amor, de conforto, de acolhida.

O que leva uma pessoa a querer se matar? Acabar com a dor, com o sofrimento, com os males. Alguns cantores famosos, atores de sucesso, comediantes. Pessoas comuns, adolescentes, crianças, adultos, idosos. A tristeza, a desesperança, a escuridão sem possibilidade de luz pode acometer qualquer pessoa.

Se você teve ou tem pensamentos suicidas, procure ajuda.

Se não consegue ajuda entre amigos e familiares, procure especialistas. Não se suicide.

Se conhece alguém que já tentou suicídio e está entrando novamente no processo depressivo, procure ajuda. Não espere que aconteça. Os sinais podem ser imperceptíveis.

Cuide das pessoas com quem você convive. Não dê poder aos males. Espante os males, os medos, as perversões. Com luz, ternura, cuidado e muita sabedoria.

Há grupos de pessoas que tentaram se matar e não morreram. A maioria se alegra com o insucesso e volta a apreciar a vida. Alguns são reincidentes, tentam de novo. Podem ficar com sequelas terríveis, e o fugir da dor e do sofrimento só causa mais dor e sofrimento.

Seria o suicida um ser egoicamente desesperançado? Os familiares se sentem corresponsáveis pela morte? Pela falta de sensibilidade e cuidado com a pessoa que dava sinais de instabilidade emocional? E a morte induzida em países desenvolvidos? A morte quando não há mais perspectiva de sobrevida saudável?

Estamos vivendo uma época muito interessante, a da vida-morte banalizada. Jogos de matar e morrer. Jogos. Só que, nos jogos, morremos e reiniciamos. Na realidade, mortos ficamos.

Quem canta seus males espanta. Quem consegue rir de suas mazelas, perdas e sentinelas. Quem consegue cantar a vida e recontar coisas bonitas. Quem consegue ser feliz em meio a tanta tristeza espanta os males, corta as raízes das desesperanças e vê a lua e o sol juntos iluminando um novo mundo. Não do lado de lá, mas do lado sem lado de cá e de lá. Da vida em vida.

Dê vida à sua própria vida. Dê vida à vida que pulsa em cada criatura. Cante e espante os males do mundo. Ame.

Espanto, susto, percurso.
Medo, pânico, pavor.
Maravilhamento, alegria, deslumbramento.
Sem medo, amor.

QUEM ESPERA
SEMPRE ALCANÇA.

Três vezes salve a esperança. Esperança, como diz o professor Mario Sérgio Cortella, de esperançar.

É preciso agir para alcançar. Apenas esperar não é suficiente. Paciência, perseverança, resiliência. Hemácias que se encolhem nos capilares e se abrem nas grandes veias e artérias...

Espero, faço, aconteço, provoco, construo — alcanço. Esperar sentado, na cadeira de balanço, no terraço da fazenda... Não vai cair do céu. Não vai surgir da terra.

Se não plantou e não carpiu, se não planejou, trabalhou e construiu, esperar apenas não faz alcançar. Quem sabe faz a hora, não espera acontecer.

"Alcance o azeite para mim, por favor? Está lá no final da mesa." "Está lá na estante mais alta." Quero alcançar, mas meus braços são curtos. Mesmo nas pontas dos pés, minha altura não permite alcançar. Uso uma escada, de virtudes. Peço a alguém mais alto e longo. Construo pontes e dialogo. Evito o moroso esperar sem fazer nada.

Tive um aluno, um homem alto e gordo, que fumava muito, bebia muito, comia muito e só pensava em sexo. Estava preso aos chacras inferiores, da sobrevivência. Importante chacra, mas não é lugar de ficar. Passamos por ali, sem nos fixarmos.

Mas ele não conseguiu. Ali ficou, comendo e bebendo. Parou de fumar, por arte de alguém que o amou — assim gordo, assim fofo, assim fraco. Parou de beber. Pediram que parasse de comer frituras, gorduras, que diminuísse. Por pouco tempo conseguiu, depois desistiu. Do sexo, nunca. Mesmo quando não mais tinha condições de manter uma relação íntima.

Em uma entrevista, perguntaram a ele o que mais gostava de fazer. Respondeu: "Nada." Ficou meses entre a cama de casa e a cama do hospital, sem fazer nada. Seja feita a sua vontade. Foi feita a sua vontade. Nada.

Passou a respirar por aparelhos. Comia por sonda. Fraldas. Escaras. Ainda respondia a alguns estímulos, depois parou. Morreu. Assim, num de repente devagar.

Algumas pessoas, quando vêm me procurar para que eu oficie uma cerimônia fúnebre, se acaso pergunto como foi que morreu, a resposta sempre é: "De repente." Às vezes o morto havia sido um paciente por meses, anos. Estava fraco, doente. Faltava apenas atravessar a ponte. Teria ficado meses nesse vaivém até que o momento chegasse e a pessoa partisse sem voltar. De repente?

De repente a pessoa sentiu uma dor no peito, tossiu e se foi. Surpresa geral. Estava bem até poucos minutos. Tomou banho, deitou-se no chão do banheiro e morreu. Era saudável, vegetariano, praticante de ioga. Quem diria?

Morremos. Todos nós. Com dietas e sem dietas. Com rigor disciplinar e sem rigores. Morremos, isso é garantido.

Podemos ter uma boa morte, podemos ter uma boa vida. E boa vida não é o bon vivant, aquele/aquela que não quer fazer nada, apenas o que lhe agrada.

Santo Agostinho teria dito que era tão livre a ponto de fazer até mesmo o que não gostaria de fazer. Liberdade de escolher o caminho da santidade. Talvez mais difícil e tortuoso que o caminho da iniquidade. Há de se acordar.

Sem despertar, ninguém vive bem. Alcançar a santidade depende de oração, meditação, estudo, perseverança. É preciso construir, passo a passo, um caminho luminoso.

De novo, repito, não se pode ficar esperando. Esperar o cavalo com sela, prontinho para montar, só vale para quem sabe montar. Tente entrar pelo lado errado e o cavalo o joga no chão. Corcoveia, empina, pisa em cima, dispara.

Esperar a casa nova sem entrar num projeto? Esperar ganhar na loteria sem comprar um bilhete? Esperar um grande amor sem sair de casa? Esperar o emprego perfeito sem se mover?

Como transformar o imperfeito no mais que perfeito? Vamos, faça um esforço. Você pode. Saia da área de conforto.

A vida está passando... A Terra está girando em torno do Sol e de si mesma. Não dá uma paradinha e retorna ao que já foi.

Gira, gira, mundo. Vamos girando junto. Podemos girar e agir. Podemos apenas esperar. Quem sabe a casa passe por nós? O amor, o emprego, a alegria? Quem sabe se a gente apenas esperar?

O tempo de espera é longo ou curto? Depende do que você faz. Ocupa-se de quê? Celular, jogos, mensagens, textos, conversas, programas, canais, estudo, aprendizado? Ou tempo perdido, partido, repartido, repatriado?

A noiva lhe morreu
E ele em profundo pranto
A tristeza chorou e chorou tanto
Que nos olhos, as lágrimas lhe secaram
E ei-lo cego a todos os encantos,
Além dos tristíssimos pegos.

Mas, o tempo, de mãos balsâmicas dormentes,
Fez os votos olvidar, os rogos veementes
Que a seus mimosos pés, outrora fez.
Então, ele amou pela segunda vez.

Em meu coração cheio de amor humano,
Eu me revolto e choro
Eu estremeço e clamo
Contra esse noivo infiel, que a morta noiva trai.

Mas, tu, talvez, que nos jardins dos céus vagueeis
Doiros os cachos devagar meneies
E num sublime amor tu lhe murmures:
Vai.

("Semíramis", poesia de minha mãe,
Branca Dias Baptista)

Deveria o noivo apenas esperar a morte para com a morta noiva se reencontrar? Há reencontro? Como reencontrar quem nunca se separou? Só perde alguém quem imagina possuir e ter. Nada pertence ao ser.

Que saibamos nos despedir de quem vai viajar para longe. Um dia também iremos. Quiçá para a mesma localidade, quiçá para outra. Com certeza partiremos, sem nada ganhar e nada perder. Na espera sem espera do nascer até o morrer, vivemos, produzimos, fazemos.

Na Índia há pessoas que esperam o próximo renascimento. Neste já não há mais esperança. Fazem nada. Sentadas e sentados às margens do rio Ganges, olhos vazios. Não estão plenos de espiritualidade e sabedoria. Não. Estão vazios de prana, de energia vital. Comem nos ashrams quando estes abrem as portas aos mendigos. Vestem-se como renunciantes. Não os renunciantes que, como Buda, procuram pela Sabedoria Perfeita, mas renunciantes de renunciar ao estímulo vital. Renunciantes de não ter esperança nenhuma, mas de apenas esperar a morte chegar. Morte que é salvação de uma vida discriminada, excluída. Para, quem sabe, uma nova vida mais emocionante.

Mahatma Gandhi insistia na necessidade de empoderar as pessoas, para que soubessem que todos têm direito a uma vida plena, à saúde, ao emprego, à alegria. Direitos humanos, em locais em que ainda se consideram alguns como párias, como não humanos.

Isso não acontece só na Índia. Acontece no mundo. Demarcação já! Povos indígenas. Acontece com mulheres negras, homens negros. Acontece com escravas brancas, escravos brancos. Crianças abusadas, idosos maltratados, adolescentes suicidas, jovens desesperançados.

> Existe um povo que a bandeira empresta
> Para cobrir tanta infâmia e covardia.

> ("Navio negreiro", de Castro Alves)

Poesia. Revolução. Transformação.

Alcance seus objetivos falando, escrevendo, fazendo acontecer. Esperar pode apagar o brilho de seus olhos.

ÁGUA MOLE EM PEDRA DURA TANTO BATE ATÉ QUE FURA

Uma pequeníssima gota de água, macia, cai sobre uma rocha.

Outra gota a segue e assim sucessivamente por horas, dias, semanas, meses, anos, décadas, séculos, milênios. A água mole fura a pedra dura.

Podemos transformar a realidade não através da força e da violência, mas através da persistência. Perseverança, esforço, energia, em sânscrito é *virya paramita*. Há, no budismo, seis paramitas ou seis perfeições:

Dana — doação, generosidade, oferta.
Shila ou Sila — preceitos, vida ética, princípios.
Kshanti ou Ksanti — paciência, tolerância.
Virya — perseverança, esforço, energia.
Dhyana — meditação.
Prajna — sabedoria, compreensão.

Paramita ou haramita é uma palavra que significa completude, perfeição. Refere-se a ações, atitudes, virtudes que nos permitem viver com sábia tranquilidade, compreendendo a vida, a morte e atuando de forma adequada para beneficiar todos os seres.

O esforço correto e persistente, assim como uma gota macia de água, pode furar, penetrar um elemento aparentemente rígido. Esse esforço se refere a alimentar o que há de benéfico e positivo e refrear o crescimento do que é pernicioso e maléfico.

É preciso saber que tanto o bem como o mal são considerados sementes dentro de cada ser humano.

Se desenvolvermos o respeito, o cuidado, a ternura e evitarmos o descuido, a rudeza, o desafeto, estaremos criando causas e condições de uma vida plena de boas realizações.

Podem ser ações, pensamentos, palavras simples na nossa vida diária. No trânsito, podemos nos esforçar para levar em consideração todos os pedestres e todo o trânsito em que estamos envolvidos. Se for necessário buzinar para alguém que esteja distraído, que seja como um *alô, tudo bem?* e não com um buzinar forte e insultuoso. Quase um palavrão, um grito.

Podemos permitir que um carro entre na nossa frente. Só não podemos deixar que mil carros passem e a fila atrás de nós fique enorme.

É preciso sabedoria para que a ação seja adequada às circunstâncias.

A generosidade é consequência da percepção clara da realidade e da inter-relação entre todas as formas de vida.

A vida ética é resultado da meditação correta, que leva à sabedoria.

A paciência, a tolerância são causas e condições para o encontro, o diálogo, o cuidado sábio e amoroso em todas as relações.

Sem perseverança, tudo se perde. É como alguém que queira fazer uma faísca esfregando duas pedras. Pode ser cansativo, mas, se continuar esfregando firmemente, a faísca surge. Se parar ao se cansar, não haverá faísca. Esta é a necessidade da perseverança, do esforço correto e contínuo.

Dhyana ou zen é a meditação que transcende sujeito e objeto.

Há alguns anos participei de uma pesquisa científica da UNIFESP com o Hospital Albert Einstein. Foram vários grupos de pessoas que passaram, durante cinco dias, pela experiência da prática de zazen (meditação sentada silenciosa) em um convento. Todos os grupos passaram por ressonância magnética antes e depois do retiro.

A pesquisadora, Elisa Kozasa, responsável pelo projeto, concluiu que quem medita de forma sistemática por alguns anos tem a capacidade de resolver questões antagônicas com menor oxigenação do cérebro. É um dado bem significativo. Nosso cérebro necessita de oxigênio quando pensamos, e mais ainda quando há decisões a serem tomadas entre situações antagônicas. Ora, quem medita resolve essas questões sem precisar aumentar a quantidade de oxigênio no cérebro — ou seja, com mais tranquilidade.

Água mole em pedra dura...

O treinamento do autoconhecimento permite que façamos escolhas entre o que queremos estimular em nós e o que preferimos manter em quietude, sem estímulos.

Meditar é como fazer musculação de neurônios. Podemos estimular sinapses neurais de palavras amáveis, identificação, respeito. Essas conexões se tornam mais fortes e consistentes. Se não estimularmos seus opostos, estes atrofiam. O esforço correto, a perseverança, deve ser em conhecer todas as possibilidades que existem em nós, mentes humanas e fazer escolhas para que a sabedoria, a compreensão clara, nos leve a resultados benéficos individuais, sociais, coletivos.

Quanto mais pessoas despertarem para a capacidade de gerir a si mesmas, menor a possibilidade de conflitos, violência, abusos.

Assim, a água mole, que pode furar a rocha, depende de nossas ações, palavras e pensamentos — desenvolvidos, escolhidos, treinados persistentemente para transformar uma cultura de violência em uma cultura de paz.

Há uma frase budista antiga, sobre nossas decisões, votos e propósitos, no sentido de que aconteça o que acontecer, nunca desistiremos dos nossos valores e compromissos:

A pedra pode apodrecer, mas meus votos não apodrecerão.

QUANDO UM NÃO QUER, DOIS NÃO BRIGAM

Se você se tornar um átomo de paz e harmonia, não haverá brigas. Se cada um de nós desenvolver a capacidade do autoconhecimento, teremos sociedades menos violentas.

É muito difícil alguém brigar sozinho, mas pode acontecer, principalmente quando a pessoa está dividida, não é capaz de encontrar harmonia entre seus pensamentos. Mesmo assim, se um dos aspectos de sua personalidade se recusar a brigar com os outros, não haverá conflito.

Crises são necessárias.

Jogos como vôlei, basquete, futebol, rúgbi só podem acontecer quando há dois times. Em vez de serem dois times briguentos — ou duas torcidas violentas —, podemos ter dois times que jogam pela excelência. Torcidas que apreciem bons jogos e se manifestam sem lutas, mas procurando o melhor no esporte.

Utopia? Talvez. Mas pode se tornar realidade.

Casais que brigam muito, por exemplo. Se um dos pares decidir não brigar mais, acaba rompendo uma relação doentia. É preciso que pelo menos um dos membros do casal se dê conta do inferno que estão vivendo e queira mudar.

Há pessoas que se acostumam com uma vida de brigas, de vinganças, de controles e rancores. Há quem passe a vida toda no inferno dos ciúmes e do poder. Se um dos personagens compreender que é possível viver de outra forma, essa pessoa poderá iniciar o processo da mudança. E a transformação pode levar a uma separação ou a uma mudança no relacionamento.

Em certa ocasião, me pediram para dar algumas aulas sobre zen-budismo num colégio para adolescentes. Depois da primeira aula, uma jovem veio me procurar. Contou que seu pai andava muito nervoso, bravo, brigando com sua mãe, sua tia, sua avó. Sempre dizendo que a família da mãe dela era de pessoas desagradáveis. Havia muita briga na casa. Perguntei: foi sempre assim? Ela disse que não. Que era uma atitude recente do pai. Teria a mãe falado com ele? Sim, ela havia falado, mas não havia adiantado nada. E a jovem estava muito triste. Afinal, ela gostava da avó, da tia, da mãe e não entendia por que, de repente, o pai estava tão impaciente com elas. "Vá falar com seu pai, se isso a está incomodando." "Mas, Monja, meu pai é um homem muito ocupado e muito importante. Nunca falei com ele sobre seu comportamento." "Experimente. Pergunte se ele está se interessando por outra mulher. Às vezes é isso. Quando um homem se interessa por outra, a esposa se torna feia e toda a família, desinteressante. Ele sente culpa e precisa de uma razão para se sentir bem sobre seu novo interesse. Outra razão pode ser que seus negócios não estejam indo bem. Pergunte a seu pai se ele precisa de ajuda, se você precisará mudar de escola, se precisará trabalhar para o ajudar. Pergunte o que está acontecendo, e diga que você anda triste por viver em tanto desconforto."

Não sei o que a menina conversou com o pai. Cerca de um mês depois, voltei à escola e ela veio me agradecer. Sim, conversara com o pai. Ele não havia se dado conta de que estava ferindo a filha e todos à sua volta. Nunca fiquei sabendo quais seriam os motivos daquele homem — nem me interessaria —, mas sei que a conversa de coração da filha com o pai foi fundamental para que ele percebesse seu comportamento e mudasse.

Se ninguém houvesse se manifestado, como estariam todos naquela casa?

Precisamos sempre que alguém nos aponte o que não somos capazes de perceber. Todos temos um ponto que não conseguimos ver com clareza. Por isso há amigos, orientadores, consultores.

Quando me casei com um norte-americano, fomos morar nos Estados Unidos e, depois de alguns anos, entramos na fase das brigas e desconfortos. Nessa mesma época iniciei práticas zen. Todas as manhãs, antes de ir ao Banco do Brasil, onde eu trabalhava, passava pelo Zen Center of Los Angeles e praticava zazen. Muitas manhãs também consultava a monja Charlotte Joko Beck, minha orientadora nas práticas.

Joko Sensei me dizia: "Perceba o que a incomoda. Esse é o ponto que você precisa fortalecer em si mesma. Em vez de responder e brigar, sinta a emoção, respire e coloque as mãos em prece. Essa pessoa é seu grande mestre. Está mostrando seu lado fraco."

Não foi fácil. Inúmeras vezes eu caía na armadilha — respondia, chorava, ficava brava, triste, batia a porta. Enfim, comportamentos de um emocional perturbado, conturbado. Mas sempre tentava seguir as orientações de minha mestra. Falhei inúmeras vezes, até que passei a conseguir. Nosso relacionamento esfriou com o fim das brigas. Ainda vivemos juntos por uns dois anos — sem brigas. Até que eu finalmente decidi me tornar monja e me mudei para o Zen Center of Los Angeles.

Foi o primeiro relacionamento que terminei sem rancores e raivas. Ninguém culpando ninguém pelo fim do romance. Nós dois não soubemos cultivar o amor que nos uniu. Seguimos nossas vidas, como amigos. Ele se casou novamente e eu me tornei monja.

Por experiência própria eu sei que, se uma pessoa não quiser entrar numa discussão, em uma briga, esta não acontece.

Assim, pergunto a você que está me lendo: como vai a sua vida?

Você tem sido capaz de viver em harmonia e respeito tanto com as pessoas mais íntimas quanto com as mais distantes?

Abriu seu olhar de sabedoria e compaixão?

É capaz de observar a si mesma em profundidade?

Reconhece o que ofende e o que alegra?

Nosso comportamento depende da nossa compreensão de nós mesmos e de nossas escolhas. Se você não quer um mundo violento e agressivo, não brigue.

Use palavras amáveis, expedientes sábios e ternos para resolver conflitos. Não se trata de fingir, de pôr panos quentes. São ações conscientes e claras de transformação.

Somos como atores em uma peça. Temos nossas falas e nossos comportamentos. Se um ator muda sua fala e seu comportamento, o outro terá de mudar também.

Assim, caso você tenha entrado em um círculo vicioso de relacionamentos desagradáveis, mude. Quem deve mudar é você. O outro, os outros, são reflexos da sua mudança.

Sorria mais, aprecie mais o autoconhecimento, respeite outras pessoas e o meio ambiente, seja gentil, educado e verá que será tratado com apreciação, educação e respeito.

Aprecie cada oportunidade de crescimento. Cada ser que encontramos é um ser iluminado disfarçado a nos mostrar o Caminho.

Para bom entendedor,
meia palavra basta

Teria sido Confucius a dizer que a pessoa sábia é aquela que, ao ver um dos lados, sabe como são os outros?

Quando eu estava na adolescência, minha irmã mais velha, que naquele dia estudava comigo na mesa da sala de jantar, me disse: "Você sabe que neste pequeno pedaço da página está a página toda?" Ela estava estudando Física. Na partícula está o todo.

Alguns de nós conseguimos entender o que está acontecendo com meia palavra ou apenas com um olhar ou um gesto. Mas há também pessoas que, mesmo com explicações detalhadas, continuam sem entender. Muitas vezes estão aprisionadas em uma maneira de compreender a realidade e são incapazes de abrir mão do seu ponto de vista.

Você já encontrou aquela pessoa que, para contar um evento fala muito, explica detalhe por detalhe e você até esquece de onde a conversa partiu? E o oposto? Aquela que pensa que você sabe quem são os personagens, o que aconteceu antes, fala duas palavras e fica esperando seu comentário?

Estávamos em retiro, no mosteiro feminino de Nagoia. Subindo as largas escadas de madeira, na companhia do nosso professor Yogo Suigan Roshi, eu levava um incenso aceso na mão, que lentamente diminuía de tamanho, soltando no ar uma suave fragrância de sândalo. Em silêncio chegamos ao topo da escada. Mestre Yogo Roshi, abruptamente, virou-se para mim e disse: "Coen-san!" Respondi: "Hai!"

Mais nada foi dito. Entramos na sala, passei o incenso para que ele colocasse no incensário e me sentei a ouvir seus ensinamentos. Ao final, quando o levei de volta a seus aposentos, ele me disse: "Vamos marcar a data de sua transmissão."

Chama-se transmissão do darma um retiro de uma semana em que discípulo e mestre se encontram todos os dias e os ensinamentos secretos da Ordem Soto Zen Shu são transmitidos. Na calada das duas últimas noites há cerimônias especiais e misteriosas.

Bastou que o Mestre chamasse meu nome e eu respondesse imediatamente para que ele decidisse que o tempo chegara, que eu estava pronta para a transmissão.

Assim foi feito. Passei uma semana em um templo enorme, onde ele era o abade. Fiquei em aposentos especiais de hóspedes de honra. Só saía dos aposentos para as liturgias e meditações. As refeições eram trazidas em uma bandeja e deixadas na minha porta. Só alguns monges mais graduados vinham, uma vez ao dia, verificar se eu estava copiando corretamente os documentos. Pouquíssimo foi falado. Muito foi transmitido e compreendido.

Às vezes, muitas explicações, muitas falas, mais atrapalham do que ajudam. Mal entendedor é a pessoa que não quer entender, que se recusa a ouvir o outro, que é tão cheia de opiniões fixas que jamais consegue compreender ou ouvir ninguém.

Lembre-se de que você pode se tornar um ser capaz de entender, compreender, com meia palavra. Como tudo o mais, é treino. Treino de se despojar de conceitos e pré-conceitos. Treino de estar presente, atento, capaz de ver, ouvir, sentir, pressentir, ser, interser, transer. Treino de silenciar para ouvir melhor, para entender para dialogar. Caso contrário, o seu monólogo interior impedirá que ouça outras pessoas.

MENOS É MAIS

Uma única flor pode ser mais bem apreciada do que uma dúzia de flores.

Um olhar verdadeiro e profundo é mais significativo do que muitas palavras.

Uma caligrafia simples pode ser mais bela do que muitos desenhos.

Espaços vazios podem deixar uma casa mais leve do que se ela estiver repleta de enfeites, móveis, objetos.

A quietude pode dizer mais do que frases pomposas.

Psiuuuu. Fique em silêncio. Ouça a brisa, ouça o vento. Nas manhãs, bem cedo, os pássaros cantam e voam, alvoroçados com o sol, com o dia, com a vida. Olhe para cima e veja as árvores, o céu e suas inúmeras possibilidades. Respire conscientemente.

Psiuuuu. Não pense agora. Sinta. Sinta seu corpo, sua respiração. O ar da manhã é mais fresco. Caminhe. Sorria.

Alongue seu corpo. Estilhace as paredes que separam o inseparável — o eu e o todo. Expanda sua consciência.

Lá, bem para lá do lado de lá, fica o aqui, bem aqui, bem dentro de você (vontade de escrever, dentro de ti). Olhe com seus ouvidos, veja com cada poro de seu corpo, cada um dos sentidos alerta.

Não se preocupe em ir atrás dos sons, das imagens, dos pensamentos. Apenas se permita ser, estar presente. Deixe que as imagens cheguem até você, que os sons sejam ouvidos — sem julgamentos, que o calor ou o frio sejam sentidos, que os odores sejam reconhecidos ou descobertos.

Não fale. Não comente. Caminhe. Não procure por coisa alguma. Apenas reconheça que você é um ser humano ao despertar do dia. Amanheceu. E você conseguiu se levantar e sair de casa, para caminhar apenas. Sem intenção de se exercitar, de perder peso. Andar por andar. Apreciar a vida, o instante, o agora.

Estamos sempre querendo tantas coisas neste ir e vir incessante. Puxados e empurrados por inúmeras expectativas e solicitações. Trabalho, emprego, arte, família, amigos. Sucesso, fama, poder, dinheiro, amor, casa, carro, ônibus, celular, afeto, filhos, livros, aparelhos, brinquedos, praias, montanhas.

Parece que precisamos sempre estar fazendo alguma coisa útil, indo a algum lugar.

O tempo. Precisamos usar bem o tempo, não perder tempo. Tempo é dinheiro. Acreditamos nessas frases.

Numa sala de espera, já não esperamos. O esperar que nos permitiria pensar, rever nossos movimentos, pensamentos.

Precisamos estar atarefados, trabalhando nos celulares ou computadores, nos comunicamos com outras pessoas, ou temos a necessidade de nos entreter, de brincar, jogar, fazer postagens. Podemos até abrir aquela coisa antiga das salas de espera, as revistas. Elas já não nos servem mais. Temos o mundo em nossas mãos, e por isso mesmo não temos nada.

Você se lembra de não fazer? De deitar no chão e olhar as nuvens? Imaginar seus formatos? Ver coelhos no céu? Cuidado com as formigas, as ervas, as urtigas. Coloque uma rede, ou uma esteira.

Onde não é nem muito quente nem muito frio, respire. Quanto tempo será que você aguenta ficar assim, sem celular, sem TV, sem rádio, sem internet? Quanto tempo consegue ficar sozinho consigo mesmo? Sem exigir nada, sem pedir nada, sem esperar coisa alguma.

Queremos tanto, corremos tanto atrás de performance, inovação, superação, sabedoria, espiritualidade, saúde. Não damos tempo ao tempo. Tempo de amadurecer ideias e pensamentos. Não é tempo de espera. Não é tempo de guerra. Não é tempo de ir e vir. É tempo de estar presente. É tempo de pensar, refletir, meditar. Tempo presente.

Perceba sua respiração, mais profunda, abdominal... Suave, quase sem respirar. Aprecie viver, por alguns instantes, apenas aprecie estar presente sem qualquer expectativa. Aprecie sua vida.

Macaco velho não põe a mão em cumbuca

Certa feita, um macaco viu, através de um buraco, que do outro lado havia uma cumbuca com bananas e outras frutas.

Ele olhou algumas vezes.

O buraco era estreito, a mão aberta não entrava. Juntou bem os dedos, fez sua mão fina e longa. Alegre, agarrou as bananas, mas não conseguiu trazê-las para fora. O buraco era muito estreito.

Dizem que foi assim que o macaco ficou preso. Tinha fome e não queria largar as frutas, não conseguia abrir a mão.

Teria morrido de fome? Teria sido caçado por algum animal?

O ditado ficou. Macaco velho, macaco experiente, sabe que "laranja madura, na beira da estrada, tá bichada, zé, ou tem marimbondo no pé".

Uma pessoa muito linda e muito fácil quer se relacionar com você? Cuidado! Pode haver algum problema.

Ofereceram a você um supernegócio? Ora, ora, quem diria? Melhor aguardar e investigar.

Há alguns anos era bem comum, e ainda acontece, de pessoas bem-vestidas se aproximarem de idosos e passar o logro do bilhete premiado. A história é bem contada. Quem não é esperto cai. Vai ao banco, dá o dinheiro em troca de um bilhete furado. Depois chora, fica sem nada. Caiu no golpe. A ganância teria a ver com isso?

Ganância, raiva e ignorância são os três venenos que podem nos tornar incapazes de acessar a sabedoria perfeita. Também houve quem se aproveitasse das aposentadorias de algumas pessoas. Tanta malvadeza, tanta falsidade. Os sem malícia caem no chamado conto do vigário.

Por que seria conto do vigário? Vigário é religioso, padre, prelado, não é mesmo? Não é conto do vigarista? Será que nós, religiosos, contamos contos fantasiosos? Prometemos o céu e a terra? Prometemos a salvação? E, depois de algum tempo, as pessoas se consideram enganadas? Descobrem que a salvação, o céu e a terra, estão à nossa disposição se praticarmos o bem, se praticarmos bem?

A expressão "conto do vigário" parece ter surgido por causa de dois vigários (religiosos) que queriam a mesma estátua em suas igrejas. Um deles sugeriu que amarrassem a estátua a um burro. Para onde esse burro fosse, seria o sinal divino de que lá deveria ficar a imagem.

Assim foi feito. Descobriram, depois, que o burro era de um dos vigários, e, logicamente, o animal foi para a igreja dele.

Assim, um vigário teria burlado o outro. Há outras histórias de burlas que teriam sido feitas por um homem, em Portugal, cujo sobrenome era Vigário. Ele teria se tornado famoso por enganar os outros.

Mas não são apenas vigários que enganam as pessoas. Quando os católicos precisam lidar com pedofilia e abusos sexuais praticados por religiosos, é necessário lembrar que essa deformação psíquica pode se manifestar em algumas pessoas, com ou sem batina.

No norte e nordeste do Brasil, nos aeroportos, hotéis, há grandes cartazes sobre ser crime o abuso sexual de crianças e adolescentes. Contaram-me que há aviões lotados vindos da Europa com pedófilos, cuja única razão de vir ao Brasil seria procurar crianças na puberdade, ou até antes. Lamentável. O mesmo acontece nas redes sociais internacionais. É preciso encontrar um antídoto, um caminho para curar, transformar esse desvio da sexualidade.

O escândalo com religiosos parece mais grave, pois geralmente os religiosos são confiáveis. Fazemos confissões íntimas, cremos em sua santidade. Colocamos nossas crianças em suas guardas.

No que e em quem você crê, confia? Você acredita em tudo que dizem? Até nas notícias falsas, chamadas em inglês de fake news? Há tantas circulando. Eu mesma já espalhei bobagens nas redes sociais. Recebi o alerta de que era falso.

Agora não divulgo mais o que não confirmo antes com especialistas.

Você acredita nas aparências? Ou é capaz de olhar em profundidade? Pensa que será fácil pegar as frutas no buraco da parede? Ou percebe que é uma armadilha? Acredita que é milagre, proteção? Acredita em você e faz o que crê ser correto? É coerente com seus princípios?

Seja qual for sua crença ou descrença — quer religioso ou ateu —, sua vida é ética? Você faz o bem pelo bem de benfazer? Sem esperar lauréis, prêmios, vantagens, medalhas, exposição pública? Sem títulos, sem expectativas? Ajuda por ajudar, sem bajular, sem nada a ganhar?

Lembre-se de manter a atenção — não apenas nos outros, mas em sua própria mente. Tudo que for muito fácil, que não exigir esforço, pode ser perigoso. Tentações. O mundo é cheio de tentações e de armadilhas. "Não nos deixeis cair em tentações", reza o Pai-Nosso.

No zen-budismo admoestamos para estar atentos às armadilhas da mente. As várias possíveis armadilhas se baseiam na dualidade entre o eu e os outros, o eu e o mundo, o eu e o ambiente. É fácil cair nas armadilhas das manipulações mentais, quer de amores, quer de política, quer de esportes, quer de trabalho, quer de amigos, e assim por diante. Não estar presente, não estar atento — estar distraído.

A palavra "diabo" tem sua raiz em dual, em dois, que se opõe ao uno, ao encontro com a grande unidade. O inferno está em nós, nas divisões, separações, confusões em que nos metemos e depois, alguns, não conseguimos sair. Como o macaco, com a mão cheia de frutas e muita fome. Sem largar e sem poder comer.

Buda dizia que a nossa mente é mais perigosa que assaltantes vingadores e cobras venenosas. A nossa própria mente pode nos enganar mais do que os contos dos larápios. Roubamos de nós mesmos a tranquilidade e a sabedoria.

Em vez de apreciarmos a vida, de nos esforçamos para alcançar nossos objetivos, queremos um atalho, um caminho mais fácil, um jeitinho, um conhecido de um conhecido que interfira e resolva nossos casos. Lembre-se de que "macaco velho não põe a mão em cumbuca". Esteja atento: o que for fácil demais é para desconfiar, como a laranja madura na beira da estrada — por que ainda estaria ali?

Pense bem, reflita e não tome decisões apressadas movido pela ganância, pela ignorância.

Cão que ladra não morde

Nem sempre é assim. Há cães que primeiro dão um rosnado e depois atacam. Há cães cujo rosnado é quase inaudível. Há outros que, além de rosnar, latem e atacam. Na maioria dos casos, os cães latem por medo, para assustar o que os assusta. Daí vem o ditado.

Entretanto, não tente se aproximar e acariciar um cão que esteja ladrando. Ainda mais se ele estiver mostrando os dentes, abanando o rabo. Parece alegre? Pode ser o contrário. Mordida de cão dói, pode até matar. Infecciona.

Lembre-se também de que, se o cão morder sua mão, não deve puxá-la. Aguente a mordida até que ele abra a boca. Não puxe o braço, a mão, a perna, com os dentes enfiados na sua carne — caso contrário, é laceração garantida.

Há alguns meses um casal veio me procurar. Seu filho adolescente havia se jogado da janela e morrido. Os dois estavam muito tristes. Antes, haviam percebido que o jovem estava estranho, se automutilava. Eles o mandaram para a terapia. Analistas e psiquiatras consideraram que o jovem não iria cometer suicídio: "Quem fala em se matar não se mata."

Lamentável. O menino, um dia, depois de tomar o café da manhã, como se nada houvesse, foi até o quarto para buscar a mochila e ir para a aula. De lá não voltou. Atirou-se pela janela.

Cuidado. Há um movimento grande, no mundo todo, para conter a onda de suicídios. Se alguém que você conhece começar a se automutilar, ficar tristonho e estranho e falar em morrer, procure ajuda de quem tenha experiência com suicidas. O mesmo com o abuso e assassinato de mulheres, o feminicídio. Geralmente pessoas que precisariam de tratamento por distúrbios emocionais, ao não se sentirem correspondidas ou apreciadas por seus companheiros, primeiro ofendem com palavras, gritos, depois vão para a agressão física e as ameaças de morte. Muitos não ficam apenas nas ameaças: matam suas amadas de maneira violenta e cruel. Quem ameaça não faz?

Muitas mulheres, isso no mundo todo, vão à polícia fazer BO. Houve uma época em que os policiais riam delas e as mandavam embora. Depois da Lei Maria da Penha, no

Brasil, isso melhorou, mas a situação é bastante precária ainda. Muitas mulheres não são acolhidas mesmo na Delegacia da Mulher, e a sociedade chega a criticar o uso do termo "feminicídio". Mas ainda há casos de desaparecimentos, assassinatos, ameaças.

Nossa sugestão é proibir o que já bateu e ameaça de se aproximar da provável vítima. A pessoa em risco é afastada — com filhos, se for o caso — e fica sob a guarda da polícia. Por quanto tempo?

Mas não temos um serviço de atendimento psicológico para os casos patológicos de quem fica obcecado, quer dominar, não quer perder o poder, passa a odiar a quem amava e planeja a morte de sua companheira.

Essas pessoas precisam ser tratadas, medicadas, transformadas. Há programas de atendimento ao vitimador, àquele que ameaça, em alguns países, como Canadá e França. Assim como nos grupos de AA, esses homens entram em rodas de terapia para se libertar dos pensamentos funestos de ódio, rancor, vingança e morte. Claro que, durante esse período, as mulheres são protegidas pelo Estado. Quem ameaça pode cometer suicídio. Quem ameaça pode cometer um crime. Cão que ladra pode morder.

Quem com ferro fere com ferro será ferido

Diz a Lei da Causalidade que tudo que existe é o cossurgir interdependente e simultâneo. Quando surgem moscas, surgem lagartixas. Quando usamos a força para conseguir nossos propósitos, sabemos que um dia essa força se voltará em nossa direção. Essa lei é conhecida no budismo como Lei do Carma. Carma significa ação. Ação que é repetitiva, que deixa marcas, com tendência a se repetir.

Há o carma benéfico: gentileza gera gentileza, por exemplo.

Quando tratamos as pessoas com respeito, recebemos respeito de volta.

Minha mãe decidiu educar a mim e à minha irmã para um tratamento menos hierárquico na família quando éramos crianças. Embora ela chamasse seus pais — meus avós — de senhor e senhora, nós os podíamos chamar de você.

Aliás, podíamos chamar todas as pessoas de você e esquecer o senhor e senhora. Senhor de quem, de quê? Era uma linguagem que vinha da época da escravidão.

Minha avó materna era chamada pelas escravas de Nhá Bem, pois era bondosa. Nhá de sinhá, de senhora. Meu avô era Seu Dê, diminutivo de Sr. Edmundo. O apelido também se referia à sua capacidade de doar, de partilhar. Ambos eram contra a escravatura e a discriminação preconceituosa. O pai de minha avó, Eugenio Leonel, reunia em sua casa os abolicionistas. Recebeu do Imperador a Comenda da Ordem da Rosa — fato que muito orgulhava minha avó.

Talvez, para romper esses laços de senhor e senhora, de proprietários de gente, de pessoas acima de outros, todos achavam normal que nós, netas e filhas, tratássemos as pessoas com mais proximidade. Afinal, o respeito não está preso ao pronome de tratamento. Assim crescemos, e nunca pensei muito sobre o assunto.

Certo dia, minha mãe contratou um jardineiro para limpar o jardim. Era um homem simples, humilde, bondoso. Percebi que meu pai o chamava de senhor. Perguntei: "Pai, por que você chama o jardineiro de senhor?" Afinal, eu o chamava de você o tempo todo. E ele respondeu: "Por respeito. Se eu o respeitar, ele me respeitará." Até hoje, quase setenta anos depois, eu me lembro desse momento e do ensinamento.

Voltando ao ferro de ferir. As espadas são muito admiradas e respeitadas no Japão. Os samurais eram hábeis em seu manejo, e as espadas eram feitas exclusivamente para cada pessoa. Até hoje os ferreiros de espadas continuam com sua arte milenar, de pai para filho. Alguns nunca usaram uma espada, nem usariam. Mas são capazes de forjá-las com maestria.

Os samurais geralmente morriam pela lâmina afiada de algum oponente. Estavam sempre em duelos, combates, emboscadas. Houve um samurai, conhecido até hoje como Musashi Sensei, que envelheceu, aposentou-se e morreu pintando e fazendo poesias. Em seu último duelo, soube usar da estratégia para não ser vencido.

Ele havia sido desafiado por um jovem samurai invencível. O desafiante era famoso por usar uma espada mais longa do que as que Musashi Sensei costumava empunhar. Isso significava derrota na certa.

Marcaram dia, horário e local: ao amanhecer, em uma praia de determinada ilha. Só era possível chegar de barco. Musashi Sensei se atrasou propositalmente para o encontro e levou consigo uma espada de madeira para lutar contra uma lâmina afiada. Uma provocação. Isso, entre samurais, é muito grave e ofensivo. Logo, o que chegou antes ficou irritado.

Ao descer do barco, Musashi Sensei empunhava a longa espada de madeira. O outro ficou mais irritado ainda: como se atrevia a vir duelar com uma espada de madeira? Musashi Sensei colocava-se sempre de costas para o sol nascente. Assim, a visibilidade de seu oponente foi prejudicada. Musashi Sensei venceu o duelo, não mais por sua habilidade com a espada, mas por sua experiência e estratégia. Depois desse episódio, ele se aposentou de duelos e lutas. Tornou-se escritor, poeta e pintor de sumiê*. Isso comprova a regra: Musashi Sensei é a exceção.

A grande maioria dos que usam armas morre pelas armas que usa. As pessoas agressivas e violentas acabam recebendo tratamento semelhante.

Para cultivar uma cultura de paz e respeito, precisamos nos tornar um átomo de paz e respeito. É preciso que nossos pensamentos, gestos e palavras sejam de acolhida, respeito, harmonia, sabedoria e compaixão. Transformamos a violência através da não violência ativa.

Quem disser que está guerreando para alcançar a paz está deludido.

A paz só será possível através da paz e não da guerra.

---

* Sumiê é uma pintura feita com pincel e tinta à base de um tipo de carvão. A característica do sumiê é que não pode ser corrigido, cada linha desenhada assim fica desenhada.

O QUE OS OLHOS NÃO VEEM O CORAÇÃO NÃO SENTE

Esse é um bom conselho para quem ainda não percebeu que não há nada que possamos fazer sem que os outros saibam.

Esposas e maridos geralmente sabem quando estão sendo traídos, ou quando seus parceiros estão se interessando por outras pessoas. O coração sente, mesmo que os olhos não vejam.

Seres humanos sentem uns aos outros. Nossas atitudes, sentimentos, são transmitidos. Quem estiver atento, verá com os olhos do coração o que os olhos da visão não veem.

Há alguns anos uma senhora veio me procurar. Estava muito triste. Havia sido uma boa esposa e mãe. Ela e o marido aguardavam a aposentadoria dele para, com o fundo de garantia, comprar um ranchinho e passar a velhice juntos, criando galinhas, cultivando o campo. Porém, quando o marido se aposentou, pegou o fundo de garantia e sumiu no mundo.

Como foi que ela não percebeu? Fora enganada. Mas quem a teria enganado? Somente o marido ou também ela mesma?

Casos de traição são comuns na espécie humana. Muitas vezes as pessoas de quem mais cuidamos e que tratamos bem são as que acabam nos traindo, querendo ser quem somos ou ofendidas por terem sido cuidadas. Não desenvolvem a capacidade de gratidão. Pelo contrário, ofendem-se pelo bem recebido.

O caso mais divulgado é o de Judas, mas ele não foi nem o primeiro nem o último. Quantos casos de delação premiada são verdadeiros? Quanta ingratidão!

O fundador da nossa ordem no Japão, já no século XIII, recomendava a seus discípulos que observassem que até os animais retribuem o bem recebido. Uma forma de estimular pessoas, há mais de oitocentos anos, a retribuir o bem com o bem. Mais do que apenas retribuir o bem recebido, é necessário desenvolvermos a capacidade de retribuir o mal com o bem.

Isso é treinamento para gente grande. Quer entrar nessa? Se quiser, saiba que começa com o autoconhecimento e com a escolha de não ferir ninguém. O treinamento é sério e constante. Não ofender, não ferir ninguém, nem mesmo quem tem ofendido ou ferido você. Usar palavras amáveis, atitudes gentis e pensamentos sábios.

A mente pura e genuína contata a mente pura e genuína de todos os outros seres. Esse é o sentido profundo de Namastê, cumprimento indiano muito usado no ioga — o sagrado em mim cumprimenta o sagrado em você. É o reconhecimento de que todos os seres são manifestações da sacralidade da vida.

Nada ofende ou fere quem vive a compaixão, a compreensão e o respeito a todas as manifestações da vida. Os olhos podem não ver, mas o coração sempre sente. Lembre-se de que, se você sabe e viu, o mundo sabe, o mundo vê. Somos transparentes uns para com os outros. Logo, pratique sempre fazer aquilo que os olhos possam ver e o coração sentir. Fale, pense e aja de forma a não envergonhar seus ancestrais e a honrar seus descendentes. Não fale nada que não possa ser dito em frente a uma criança. Não pratique atitudes que não praticaria em frente a muitas pessoas. Não pense mal de ninguém.

Lembre-se do Pequeno Príncipe: o essencial é invisível aos olhos. Torne visível o essencial.

QUERER É PODER

Querer só é poder quando nos esforçamos, quando construímos possibilidades de atingir o que queremos. Querer apenas, sem se mexer, sem fazer nada para realizar, é tão tolo como esperar que as oportunidades caiam do céu. Se você não for atrás, o seu querer perderá o poder.

Como definir propósitos e objetivos?

Em um posto de gasolina próximo da cidade de Aparecida, parei para um lanche. Enquanto aguardava outras pessoas que estavam comigo, entrei em uma pequena capela onde havia uma imagem de Nossa Senhora Aparecida. Eu não sou católica, sou budista, mas fui criada em uma família católica apostólica romana. Na infância estudei em alguns colégios de freiras. Sei algumas preces, como Ave-Maria, Pai-Nosso.

A capela era pequena e a imagem era grande, talvez mais de um metro e vinte de altura. Coloquei as mãos palma com palma, fiz uma reverência à protetora do Brasil e notei que atrás da imagem havia uma prece. Não me lembro exatamente das palavras, mas era um texto inteligente e bom, até um determinado momento, quando havia uma lacuna e entre parênteses estava escrito: coloque aqui o seu pedido. O meu pedido? Qual seria o meu pedido? Sem saber responder, comecei a refletir sobre o sentido daquela lacuna. Era como se estivessem dando uma oportunidade para repensar o que realmente queremos.

Qual o seu pedido?

Em um encontro com Tchijo, um pajé pernambucano, numa fazenda no interior de São Paulo, fizemos uma roda de conversa. O pajé Tchijo disse: "Façam seus pedidos. Sou um pajé e posso atender a um pedido seu."

Ah! Se pudessem ser dois ou três pedidos seria mais fácil. Um pedido. A sala ficou silenciosa por um longo tempo. Depois, começaram os pedidos, a maioria sobre saúde.

O gênio da lâmpada das lendas antigas satisfaria três pedidos. Mas o que é fundamental? O que é o pedido verdadeiro? O que realmente queremos?

Lembre-se: querer pode se tornar poder, mas é preciso saber querer e o que querer, caso contrário não há poder que resista a quem não sabe o que quer.

QUANDO O GATO SAI, OS RATOS FAZEM A FESTA

Predador e presa mantêm o equilíbrio da natureza. Quando nós, seres humanos, interferimos na natureza sem sabedoria e cuidado, acabamos destruindo a nossa própria capacidade de sobrevivência.

Atualmente há questionamentos sobre o que afeta mais o meio ambiente: se a criação de gado ou se a agricultura. Há defensores e críticos para ambos. Qualquer cerca que fizermos, qualquer escolha do que plantar ou como plantar, do que criar ou não criar, afeta a vida na Terra.

O gato é o predador dos ratos. O templo no qual atuo fica no bairro do Pacaembu, em São Paulo, bem próximo da praça do Estádio. Nessa praça ocorrem feiras livres quatro vezes por semana. Aqui, para evitar enchentes, foi feita uma obra grandiosa, que hoje abriga muitas famílias de ratos. De vários tamanhos, eles circulam com mais liberdade à noite e nas madrugadas. Algumas vezes os encontro mortos, outras vezes correndo e se escondendo sob as grades de ferro.

Em certa ocasião, uma ratazana veio dar cria no telhado do templo. Há ali uma árvore de mexericas que ficava cheia de ratinhos novinhos, comendo, correndo, brincando felizes. Praticantes se preocuparam: ratos podem trazer doenças. O que fazer? Veneno não quisermos colocar — pela maldade de uma morte horrível, pela capacidade de envenenar outros animais e pássaros, envenenar a terra, as plantas e até a nós mesmos.

Um gato. Eis a solução. Era preciso achar um gato. E alguém me ofereceu um gatinho de oito meses, branco e preto, magrinho, doentinho, chamado Charlie. Aceitei. Charlie, alguns me disseram, não seria capaz de espantar ratos. Gato de apartamento, veio tomando remédios para um problema gastrointestinal. Eu deveria colocar redes nas janelas para ele não saltar do segundo andar. Charlie sabia dar beijinho na ponta do nariz de seres humanos, uma lambidinha áspera e rápida. Magrinho e doce.

Logo encontrou a saída pela janela para o telhado. Nunca mais se viu um rato no templo. Continua magro, passeia pelos telhados das casas, de tempos em tempo traz um passarinho, uma lagartixa, uma barata. Presentes amorosos.

Só uma vez trouxe um ratinho. Se Charlie for embora, os ratos decerto voltam.

A analogia serve para famílias em que apenas uma pessoa sabe dar limites. Se essa pessoa não está, todos, sem limites, fazem a festa. Algumas vezes a chamada festa pode ser problemas, doenças, desconforto, ferimentos e até mesmo a morte.

Precisamos de limites, tanto dar limites aos outros como a nós mesmos. Fazer tudo o que se tem vontade, quando se tem vontade, não é a verdadeira liberdade. Pode ser uma armadilha essa fantasia de liberdade. Sem limites a pessoa deixa de trabalhar, de estudar, de respeitar os outros.

Sei de pessoas que nem limpam suas casas, que ficam cheias de lixo, mau cheiro, insetos e ratos. Consideram-se livres.

Também sei de pessoas que limpam tanto suas casas que fecham as salas e só usam alguns espaços. Para que serve uma casa fechada? São dois opostos absurdos.

Uma vizinha de minha mãe, na infância, mantinha duas salas trancadas o ano todo. Só as abria em situações muito especiais. Certa feita ela viajou e seus filhos ficaram sozinhos em casa. Que festança. Todos os jovens amigos e amigas deles entraram nas salas proibidas. Tapetes de luxo, sofás e cadeiras de veludo e seda.

Mas ninguém os havia ensinado a usar essas salas corretamente. Derrubaram bebida nos estofados, molharam os tapetes com água de chuva e lama. Riram muito, fizeram uma grande festa e depois se trancaram em seus quartos.

Quando a mãe chegou, encontrou as sagradas salas cheias de manchas e marcas. Ficou brava. Mas, como era uma senhora inteligente, limpou os móveis e os tapetes e resolveu abrir as salas para que todos pudessem aprender a não entrar com sapatos cheios de terra, a comer e beber com cuidado para não derramar e manchar roupas e estofados.

Adianta ter salas bonitas fechadas? Mas também não podemos deixar que sejam detonadas. O que fazer? Educar.

Malala, que ganhou o prêmio Nobel da Paz por defender o direito das meninas de estudar, passou pelo Brasil.

Continua a viajar pelo mundo, sem medo, mesmo depois de ter recebido um tiro na cabeça por ter desafiado o sistema Talibã, que proíbe meninas de ir à escola. Ela viaja anunciando que, se as mulheres tiverem acesso à educação, teremos países melhores, democracias melhores, uma vida melhor.

O pai de Malala é professor, e ensinou à filha a importância do estudo para atingir sonhos, propósitos, objetivos.

A filha respondeu ao amor paterno se tornando uma líder internacional pelo direito das mulheres de estudar, em todo o planeta.

Mais importante do que termos um predador, alguém que queira nos destruir ou nos afastar de nossos propósitos, é encontrarmos o caminho do conhecimento para sabermos usar e ser quem somos, sem medo e sem abusar da nossa liberdade — que é até mesmo fazer o que não temos vontade de fazer.

Será que sem supervisão, sem controle, sem medo do predador, somos capazes de viver com dignidade e alegria, sem abusar? O caminho, como aponta Malala, é educar.

Educar seres livres e responsáveis, capazes de ler a realidade, capazes de ler suas próprias necessidades e atuar de forma a criar condições para que todos se manifestem com excelência, no melhor da sua potência — como ensina o professor Clóvis de Barros Filho.

CASA DE FERREIRO, ESPETO DE PAU

—•◆•—

No Japão — e entre alguns descendentes aqui no Brasil — há ferreiros especializados em fazer katanas, que são espadas sagradas. Alguns deles são descendentes de samurais, que serviam a seus senhores com profunda fidelidade, honra, respeito.

Sem temer a morte, se especializavam na defesa de seus senhores e no uso de espadas longas, médias ou curtas.

Alguns eram capazes de usar uma espada longa em uma das mãos e uma curta na outra. Famosos por sua valentia e habilidade, eram muito respeitados no Japão medieval.

Seus descendentes até hoje se orgulham de pertencer a famílias de antigos samurais. Pessoas de honra, de palavra, incapazes de cometer traições.

Quando seu senhor era vencido, o samurai geralmente se matava. Há um templo em Tóquio que guarda o túmulo de 47 samurais que se mataram naquele mesmo local, quando seu senhor foi morto por inimigos. Entre eles havia um jovem de 16 anos.

Até hoje há quem produza essas espadas especiais — agora não mais para o combate nas ruas, mas para treino de artes marciais ou como objetos de arte ou religião. Espadas que podem abrir caminhos, proteger e abençoar empresas, pessoas, casas, famílias. Geralmente só o dono da espada a deve tocar.

Conheci um jovem que mantinha uma dessas espadas em seu quarto de dormir. Não era um objeto decorativo: era sagrada. Recém-casado, a esposa um dia resolveu mudar a espada de lugar. Separaram-se. Imperdoável deslize.

Alguns desses antigos artesãos hoje também vendem facas menores, facas especiais de cozinha e mesmo tesouras para jardinagem ou costura. Definitivamente não são facas ou tesouras comuns. O seu fio revela a arte ali contida.

Estava eu comprando umas tesouras especiais nos arredores do Templo de Asakusa, em Tóquio, quando notei que havia uma espátula de madeira que o artesão usava para cortar papel. Lembrei-me do ditado: "Casa de ferreiro, espeto de pau." Ao mesmo tempo, comecei a refletir. Aquele artesão não era uma pessoa tola ou descuidada. Por que não usava um estilete de metal? Por que não teria produzido uma peça artística de ferro para essa função?

Imaginava eu que tudo seria de ferro nesse local, mas o cortador de papel era feito de madeira. Por quê? Como podemos interpretar o fato de, na casa do ferreiro, o espeto ser de pau? Seria insuficiência, descuido, deslize, falta? Ou o seu conhecimento do ferro e do seu uso adequado lhe permitiria usar a madeira para serviços mais adequados à madeira?

O fato de o espeto ser de pau pode não significar insuficiência do ferreiro na intimidade de sua casa. Você já refletiu sobre isso? Pelo contrário: no caso do artesão de Asakusa, seu conhecimento e respeito ao ferro o fazia utilizá-lo apenas para as funções apropriadas.

Mas também é possível compreender de outra maneira: quando ferro e madeira não se opõem, a mente se mantém tranquila.

Além dos julgamentos e das expectativas sobre como deveria ser, podemos observar como é apenas. E esse ser, nesse momento, é transitório.

Quem sabe o carpinteiro use talheres de metal para comer?

Deveriam ser colheres, garfos e facas de madeira?

Antes de condenar qualquer ato ou situação, sem profunda reflexão, sem compreender as várias causas e condições, é preciso desenvolver a capacidade de ver além do aparente.

O discernimento correto é a capacidade de ler a realidade e não ser ludibriado pelas aparências.

Valentes samurais morreram. Grandes senhores perderam o poder político. Países, povos, civilizações surgem e desaparecem. Nada é estável neste mundo. E, por saber da transitoriedade, podemos e devemos escolher a senda da nossa vida pessoal e coletiva.

Que possamos ser forjados como o aço, no fogo ardente dos votos sociais, e saibamos discernir como viver nossa vida.

SANTO DE CASA NÃO FAZ MILAGRE

Na intimidade não há santos nem pecadores. Milagres não são feitos por pessoas. Aliás, é necessário nos questionarmos sobre o que é um milagre.

A palavra "milagre" vem de um verbo do latim e tem o sentido de maravilhar-se. Podemos nos maravilhar com o nascer do sol, com a luz da lua e das estrelas. Podemos nos maravilhar com a vida — o milagre da vida. Um óvulo e um espermatozoide formam um ser humano, por exemplo. Se analisarmos profundamente, é um milagre. É maravilhoso. É raro. E, ao mesmo tempo, é comum e simples.

Podemos criar mitos, eleger pessoas e as colocar em pedestais. "Cuidado com o andor, que o santo é de barro" — outro ditado popular. Santos são de barro, frágeis, podem cair e se quebrar. O que fazer dos pedaços de santidade espalhados por todos os lados? Quem sabe cada devoto pegue um estilhaço e construa outros santos.

O que é ser santo? A palavra em hebraico tem o sentido de estar separado, de não ser comum. Pode ser um lugar sagrado, um lugar para orações, meditações. Pode ser uma pessoa que se distancia da maneira comum de ver a realidade. Alguém que supera o egoísmo e vive para o bem coletivo. Alguém que, mesmo injuriado e maltratado, não odeia a quem o fere, mas espera que todos se libertem dos apegos e das aversões.

No budismo não falamos de santos, mas de bodhisattvas.

Bodhi ou Bodai quer dizer "iluminado", e Sattva é ser.

Seres iluminados, plenos de consciência e discernimento, que, por terem despertado para uma realidade maior do que o seu pequenino eu, se dedicam a fazer o bem a todos os seres.

No Sutra do Diamante, alguém pergunta a Buda: "O Bodhisattva sabe que é um bodhisattva?" E Buda responde: "Não." A explicação é a de que, se a pessoa se considerar separada dos outros (santa), deixa de ser um bodhisattva (ser iluminado). Afinal, o ser iluminado é aquele que se percebe e se reconhece em cada criatura, que não se separa, que não exclui, pelo contrário — é o ser que se identifica e quer o bem de todos os seres.

Santo de casa não faz milagre. Não faz milagre em casa? Ou em qualquer lugar? Quem convive com a pessoa considerada santa, depois de algum tempo de convívio, reconhece que é um ser humano comum, que não está separado dos outros seres e por isso não deixa de se surpreender com seus gestos, pensamentos e atitudes. A pessoa não causa mais um estado de maravilhar-se. Acostuma-se com gestos, atitudes, falas e pensamentos que antes pareciam extraordinários e no convívio diário se tornam comuns.

Esse maravilhar-se por alguém distante, quando em proximidade, geralmente se desfaz. Banaliza-se a santidade — também com sentido de saúde física, mental e social. Estar são se opõe a estar doente. A doença da ignorância, do desconhecimento da própria identidade, do não eu. Há uma diferença entre estar são e ser santo?

Espera-se do santo que seja extraordinário em tudo que faz, fala e pensa. No convívio diário verifica-se que é um ser humano comum, com fragilidades. Para quem criou um mito, uma fantasia sobre o santo, a santa, esse cair do pedestal pode ser desastroso.

Há muitas pessoas que admiram outros povos e outros países e culturas, mas que não reconhecem e não se maravilham com o que está próximo. Habituamo-nos tanto a criticar e falar mal do Brasil, por exemplo, que muitos jovens querem ir morar em outros países. Boa parte deles viaja para fazer cursos, especializações e depois não quer mais voltar ao Brasil.

Eu mesma fui assim. Até que um dia percebi que, se houve algo de bom que eu aprendera vivendo e estudando em outros locais, era meu dever trazê-lo para o meu país, onde esse conhecimento era escasso. Se precisei me especializar em outro país, não foi para ficar por lá, onde já há tantos especialistas. Talvez fosse mais confortável e estável, mas é exatamente aí que o voto monástico, ou o voto de bodhisattva, ou a santidade, se faz presente.

Eu poderia viver na corte dos templos, sede dos países budistas, onde monjas e monges são respeitados, têm poder, riquezas. Poderia assumir um templo e viver tranquilamente entre pessoas budistas, orando, oficiando casamentos, enterros, serviços memoriais. Ensinando as crianças a meditar e a fazer votos.

Vir para o Brasil e tentar transmitir os ensinamentos de Buda não tem sido fácil. Causa estranhamento, em um país de maioria cristã, alguém que escolheu outro revolucionário e transformador social como seu modelo de conduta, fala e pensamento.

Buda viveu na Índia há mais de 2.600 anos. Seu pensamento e as comunidades monásticas que fundou contradiziam as regras socais de castas, tão fortemente estabelecidas na sociedade da sua época.

Ele acolhia a todos como seus discípulos e não os diferenciava pelo nascimento. Costumava dizer que a pessoa não era nobre por haver nascido filha de nobres, mas por se comportar como um ser nobre. Nobreza de espírito, de dignidade, de honra.

Buda pregava e instruía desde as pessoas mais simples e pobres até os reis e príncipes. Homens e mulheres se tornaram monásticos. Ele pregava a equidade entre todos os seres humanos e o respeito à vida em suas múltiplas formas. Ensinou a amar e a respeitar, mesmo os injustos e tolos que ainda não houvessem despertado. O Grande Caminho não seria para alguns seres especiais, mas para todos, a fim de que pudessem viver com plenitude de bens e felicidade.

Mas não se propunha a dar presentes materiais, a fazer milagres. Seu propósito e seu maior presente era despertar toda a humanidade de forma que pudéssemos todos viver em harmonia, partilha e respeito. Sem guerras, sem violência, sem abusos, sem discriminações preconceituosas.

Analogias e parábolas diferentes das cristãs, em alguns aspectos, e semelhantes em outros. Culturas, linguagens diversas com a mensagem semelhante. Que todos os seres possam ter suficiência e plenitude na existência. Que saibamos partilhar tanto bens materiais como os ensinamentos que levam à libertação.

A quem interessa manter populações inteiras na máquina de uma falsa igualdade, oferecendo brinquedos e desejos por mais objetos, sexo, prazeres, mantendo todos sempre querendo mais e mais daquilo que não preenche o vazio do ser? É preciso despertar. Na minha juventude, usavam a palavra "conscientizar", tornar consciente da realidade que nos cerca para termos o discernimento correto.

Buda fala em despertar. Ver e compreender o que é, como é. Não ser enganado por nada nem ninguém e ter a capacidade de tomar decisões que sejam maiores que apenas o bem-estar pessoal.

Monges e monjas viviam de esmolas, com roupas feitas de trapos descartados e encontrados pelas ruas ou doados por alguém. Mas, apenas isso os tornam santos e santas? O voto de pobreza assim como o de castidade não é exatamente o que faz uma pessoa santa.

É preciso estar de acordo com o fluir da natureza e da vida, despertar a consciência de que toda a humanidade é a nossa família sagrada. Cuidar dos pobres, dos excluídos, e incluir nesse cuidado os ricos e os que excluem e discriminam. Estes precisam mais de ajuda, de compaixão e de sabedoria. Não devem ser excluídos.

Para mim, milagre será o dia em que pudermos compartilhar a vida, alimentos, tratamentos médicos e dentários, educação e alegria com todos os habitantes da Terra. O dia em que soubermos cuidar melhor da vida em sua plenitude de formas.

No *Sutra da Flor de Lótus da Lei Maravilhosa* há um capítulo sobre a eternidade da vida de Buda. Isso não significa que o corpo daquele homem da Índia se manteria eterno, nem que ele reencarnaria ou renasceria, mas que seus ensinamentos estarão sempre disponíveis neste mundo. Seus ensinamentos podem ser acessados por qualquer ser humano que procure pela verdade e pelo caminho correto. Nesse capítulo, chamado de "A vida eterna de Buda", está escrito que, "quando as pessoas pervertidas pensarem que o mundo todo está em chamas, saiba que tranquilo é o meu reino".

Que reino de tranquilidade é esse em que pessoas pervertidas não conseguem penetrar? Por que pensam que tudo está em chamas, sem esperança de transformação? Que fé é essa de conseguir viver a santidade e fazer milagres em nossa casa comum, a Terra? Santo de casa faz milagre quando consegue fazer as pessoas perceberem que podemos viver bem, sem medo, partilhando e cuidando amorosamente de cada um e de todos.

Mas é preciso ser profético, como Leonardo Boff, e alertar: "Cuidem para que a vida humana não seja exterminada pela própria espécie humana."

DEUS TE ABENÇOE!
VÁ COM DEUS!
FIQUE COM DEUS!
SE DEUS QUISER!

Minha criação foi em um família católica apostólica romana.

Lembro que, em alguns colégios de freiras nos quais estudei, um dos mandamentos cristãos sobre Deus era: "Não use seu santo nome em vão." Teria essa recomendação sido alterada? Ouço o tempo todo o nome de Deus usado nas coisas comuns do dia a dia.

Pratico ioga duas vezes por semana. Ao final das aulas, nossa professora se despede de nós dizendo: "Até a próxima aula." E sempre há alguma aluna novata que acrescenta: "Se Deus quiser!" Nossa professora sorri e responde: "Ele sempre quer. Por que não haveria de querer?"

"Deus é um só", dizem pessoas de outras tradições espirituais para mim. Será? Qual a compreensão que cada criatura tem desse nome próprio?

Conheci uma liderança indígena argentina que, em um de nossos encontros inter-religiosos, exclamou: "O meu Deus é diferente do Deus de vocês. O meu é vida e alegria, não julga nem condena."

Será próprio ou impróprio invocar Deus a cada instante da vida? Se vai até a esquina, "Vá com Deus!" Poderia ir sem?

Se fica em casa, "Fique com Deus!" Seria possível ficar sem?

Durante as palestras em grupos inter-religiosos, quando um dos meus colegas de outras ordens termina com a bênção "Deus te abençoe!", muitos se alegram e alguns respondem "Amém!".

A mesma expressão é usada entre adultos e crianças no dia a dia dos encontros e despedidas. Seria usar seu santo nome em vão?

No zen-budismo não há conceito de Deus. Kami sama, em japonês, seria a tradução para Senhor Deus. Essa expressão é usada no xintoísmo, religião autóctone japonesa, cuja tradução literal seria o Caminho de Deus.

Os japoneses geralmente têm em suas casas tanto altares budistas como altares xintoístas. O altar xintoísta é geralmente bem simples, de madeira branca. No centro há um pequeno espelho redondo e a oferta é de um ramo verde de folhas. Esse espelho que fica no centro geralmente é presente da mãe para a filha quando esta se casa.

O xintoísmo está conectado com os agradecimentos pelas colheitas, as preces para as plantações. Também se liga a bênçãos de casamentos, de crianças — meninas e meninos, na infância, e mais tarde à entrada na idade adulta. Carros são abençoados, pessoas, locais de trabalho, residências, cidades e campos. Nos grandes templos xintoístas não há imagens, apenas um espelho redondo. Sempre considerei isso muito interessante.

Como falar com Deus? Fazemos uma reverência em pé, tocamos um sino, batemos palmas duas vezes, tornamos a nos reverenciar. Se há algo que se queira alcançar, assim são pedidas as bênçãos. Se há algo pelo que agradecer, da mesma forma. A purificação está diretamente conectada à religião xintoísta. Nas entradas dos templos há fontes com dragões de metal, e de suas bocas jorra água pura. O dragão é o símbolo das águas. Todos devem lavar as mãos e enxaguar a boca antes de saudar o altar. Essa saudação é feita do lado de fora do templo, no portal de entrada. É costume também jogar moedas em grandes caixas de esmolas.

Definitivamente, um ambiente muito diferente do das igrejas cristãs.

Quando estava iniciando minhas práticas zen, em Los Angeles, recebemos um visitante raro. Era um monge do deserto que vivia em clausura havia mais de trinta anos. Ele tinha recebido de presente um livro sobre o zen-budismo (monges

137

em clausura não saem, não compram livros). Leu o livro e se interessou em conhecer de perto essa prática. Conseguiur uma autorização especial, visto que todos vivem em clausura, para passar um mês conosco no Zen Center of Los Angeles. Usava longos, rústicos e simples hábitos brancos. Pouco antes de retornar ao seu mosteiro, pedimos que nos contasse sobre sua prática na Europa. Lembro-me pouco do que ele disse, somente algumas frases: "Não usamos nada para cobrir nossas cabeças. Se chover, recebemos a chuva. Recebemos tudo o que chega até nós com gratidão e apreciação. Cartas, só uma vez por ano, de familiares. Não conversamos uns com os outros. Moramos em celas individuais onde há uma cama, um altar, uma mesa de estudo, uma pia, uma mesa de refeição e um banheiro. A refeição nos é entregue por uma abertura na porta da cela. Os irmãos preparam as refeições e trabalham na limpeza do mosteiro e nas tarefas diárias. Nós, os padres — bem como as madres do deserto, em mosteiros femininos —, oramos e estudamos, desenvolvendo práticas espirituais. Se um novato vier, um orientador mais antigo deve falar com ele todos os dias. Se por acaso começar a ter visões de Jesus, Maria, Deus, temos que pedir que vá embora. Já houve quem se inscrevesse na Ordem e considerasse que havíamos tirado seu contato com Deus. Era um contato imaginário, idealizado, não real. Não oramos pedindo nada a Deus, pois conhecemos Deus, cremos em Deus. Sendo onipotente e onisciente, só podemos bendizer a vida, a morte, a natureza, tudo o que é."

Há um documentário lindo, chamado *O grande silêncio*, gravado em La Chartreuse, mosteiro dos padres do deserto.

O cineasta esperou 16 anos para que o abade permitisse que ele fosse, sozinho, filmar a rotina monástica. No documentário podemos ouvir claramente passos e pássaros, chuva e vento. Percebemos detalhes incríveis de luz e sombra, pois o cineasta, ao conviver com o silêncio, silenciou.

Alguns dizem que é preciso silenciar para falar com Deus.

Estive com um autor místico cristão na Bienal do Livro que comentou: "Deus está sempre falando com você. Mas, se você falar muito, não o ouvirá e se perguntará: por que Ele não fala comigo? Silencie e escute."

Minha superiora no mosteiro feminino de Nagoia, Aoyama Shundo Docho Roshi, recebeu várias monjas beneditinas da Bélgica por um mês. Algumas de hábitos tradicionais, outras de hábitos mais informais e outras que usavam roupas comuns. Todas eram monásticas havia mais de 25 anos e participavam de encontros inter-religiosos. Em uma de suas palestras, a nossa superiora comentou: "Talvez o que vocês chamam de Deus nós chamemos, no budismo, de Busshō — Natureza Buda."

Segundo o fundador de nossa ordem no Japão, mestre Eihei Dogen Zenji, tudo que existe é Busshō. A natureza Buda está presente da menor partícula até o maior espaço. Não é uma questão de crença, de ter ou não ter natureza Buda. Não se refere a algum local específico onde se manifeste, quer nos céus ou na terra, quer no cérebro ou no corpo humano. Não é questão de alguns seres serem dotados de natureza Buda e outros não. Todos, tudo o que existe, já existiu e existirá é a natureza Buda manifestada. Sem dentro nem fora.

Práticas espirituais, meditações, leituras, estudos, são estímulos que facilitam conexões neurais de percepção clara de que somos — e tudo que existe também é — a natureza Buda.

Entrar em sintonia e fluir com a natureza Buda é viver com plenitude e alegria, gratidão e ternura, sabedoria e compaixão. Também é fazer o voto para que todos os seres despertem e apreciem suas vidas.

Mais do que questionamentos sobre origem e fim, falamos de causas e condições num fluxo incessante de transformação. Crer ou não crer — em quê exatamente?

Se deixarmos de lado as dualidades, o que é? Antes de qualquer divisão, conceito, teoria, fundamento, o que é no assim como é?

Deus está presente ou ausente de suas palavras, pensamentos, ações, decisões, dúvidas, erros e acertos?

O que é Deus para você? Reflita, considere e siga seu coração. Mas cuidado para não usar seu santo nome em vão.

AGRADECIMENTOS

Agradeço à vida e à família que me ensinou e me permitiu ler e refletir, declamar e questionar os sentidos das palavras, os sentidos da vida e da morte.

Agradeço às professoras e professores do Instituto de Educação Caetano de Campos, então, na praça da República, em São Paulo, que me fizeram desvendar as maravilhas da educação e do treino mental. Às minhas colegas de classe, de estudo, de recreio, que me provocaram a ser.

Agradeço às irmãs e madres do Colégio Sion, que me mostraram um caminho de humildade e respeito e me inspiraram a um voto monástico, bem mais tarde realizado e em outra tradição.

Agradeço aos meus mestres de ordenação e transmissão monástica zen-budista, fontes de inspiração, que me levaram a conhecer os ensinamentos de Buda e as mentes brilhantes de nossos fundadores no Japão, Mestre Eihei Dogen (século XIII) e Mestre Keizan Jokin (século XIV).

Agradeço à minha mestra de treinamento monástico, Aoyama Shundo Docho Roshi, cujo exemplo me encanta e ilumina. Convivendo em grande intimidade por mais de oito anos aprendi a respeitá-la por sua inteligência, sabedoria, compaixão e paciência infinita. Grande palestrante e escritora — seus ensinamentos são de uma Buda viva.

Agradeço à equipe do Jornal da Tarde. Quando eu tinha 19 anos, me acolheram e ensinaram a escrever, ou melhor, descrever a realidade, sem julgamentos, sem adjetivos e opiniões. Escrever e reescrever inúmeras vezes.

E, assim, minha maneira de me comunicar, pensar e ser está sendo forjada no dia a dia — em cada encontro, em cada livro, em cada momento de silêncio e de zazen (meditação).

E, finalmente, agradeço à Raïssa Castro, da Editora Record, selo BestSeller, que me procurou e sugeriu este livro, além do encontro com o professor Clóvis de Barros Filho que resultou em nosso livro comum *A monja e o professor*.

Se não fosse por ela, Raïssa, pelos seus estímulos e decisões, este livro não chegaria a vocês.

Também não chegaria sem as revisões, a diagramação e todos da gráfica que tornaram possível esta obra. Gratidão.

E, se pensarmos em profundidade, agradeço a toda vida do céu e da terra que, através de suas múltiplas formas de vida nos mantêm saudáveis e hábeis a pensar, escrever, editar e imprimir livros que nos fazem pensar, meditar e apreciar a vida.

Reflitam sobre as questões que levanto e vamos agradecer à capacidade de ler, de ouvir, de entender e por em prática o que acharmos adequado. E o desnecessário descartemos simplesmente.

Mãos em prece.

Este livro foi composto na tipografia Adobe
Garamond Pro, em corpo 12,5/18,5, e impresso
em papel off-white no Sistema Cameron da
Divisão Gráfica da Distribuidora Record.